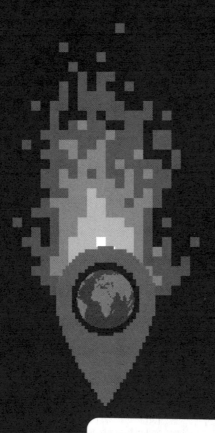

SERVIÇO SOCIAL DO COMÉRCIO
Administração Regional no Estado de São Paulo

Presidente do Conselho Regional
Abram Szajman
Diretor Regional
Danilo Santos de Miranda

Conselho Editorial
Ivan Giannini
Joel Naimayer Padula
Luiz Deoclécio Massaro Galina
Sérgio José Battistelli

Edições Sesc São Paulo
Gerente Iã Paulo Ribeiro
Gerente adjunta Isabel M. M. Alexandre
Coordenação editorial Jefferson Alves de Lima, Clívia Ramiro, Cristianne Lameirinha, Francis Manzoni
Produção editorial Rafael Fernandes Cação
Coordenação gráfica Katia Verissimo
Produção gráfica Ricardo Kawazu
Coordenação de comunicação Bruna Zarnoviec Daniel

Política, desejos e videogame

Título original: *The Playstation Dreamworld*
© Alfie Bown, 2018
Esta edição é publicada mediante acordo
com a Polity Press Ltd., Cambridge
© Edições Sesc São Paulo, 2021
Todos os direitos reservados

Preparação Elen Durando
Revisão José Ignacio Mendes, Lígia Gurgel do Nascimento
Projeto gráfico, capa e diagramação Érico Peretta

Dados Internacionais de Catalogação na Publicação (CIP)

B685p   Bown, Alfie

Política, desejos e videogame: The Playstation Dreamworld / Alfie Bown; tradução Alexandre Matias. – São Paulo: Edições Sesc São Paulo, 2021. –
144 p.

ISBN 978-65-86111-52-1

1. Tecnologias digitais. 2. Geração gamer. 3. Videogames. 4. Política. 5. Sociedade. 6. Cultura. 7. História. I. Título II. Matias, Alexandre. III. The Playstation Dreamworld.

CDD 794.8

Ficha catalográfica elaborada por Maria Delcina Feitosa CRB/8-6187

Edições Sesc São Paulo
Rua Serra da Bocaina, 570 - 11º andar
03174-000 - São Paulo SP Brasil
Tel. 55 11 2607-9400
edicoes@sescsp.org.br
sescsp.org.br/edicoes
/edicoessescsp

Política, desejos e videogame
The Playstation Dreamworld
Alfie Bown

Tradução **Alexandre Matias**

Nota à edição brasileira

Desde a década de 1960, os videogames são parte crescente da cultura contemporânea como meio que se desenvolve à mesma velocidade com que absorve elementos da computação, do cinema, da música, da literatura e das artes gráficas e digitais. Numa mistura de tecnologia de ponta e desafio lúdico, os games têm atravessado diferentes campos (distantes dos primeiros protótipos criados em rudimentares telas de radares) que vão da arte e da prática competitiva até ambientes para o treinamento de profissionais — como os pilotos de avião.

Olhar um meio de produção de sentidos novo como os videogames, visitar a história de seu desenvolvimento e verificar, enfim, seu alcance, sua influência e as transformações que ele reflete e para as quais contribui pode nos oferecer a observação de aspectos presentes, e nem sempre destacados, de nossas sociedades.

É nessa direção que aponta o ensaio do professor Alfie Bown. Dos *smartphones* aos consoles, *tablets* e *desktops*, o autor sustenta que nos tornamos a geração dos gamers. Assim, longe de ser um livro dedicado unicamente a quem joga, o trabalho de Bown se empenha em investigar nossas relações com as novas tecnologias digitais num momento em que elas se tornam onipresentes. Mais do que um texto sobre games, o que há nas páginas seguintes é uma provocativa reflexão sobre os efeitos dessas novas tecnologias nos imaginários (e sonhos) mundo adentro.

Agradecimentos

Primeiro, quero agradecer à minha esposa Kim por todas as horas jogando e analisando games comigo. Segundo, devo agradecimentos a alguns editores brilhantes: Rob Horning no *The New Inquiry*, Julian Feeld no *Outermode*, Aaron Schuster no *Cabinet* e Jerome Roos no *ROAR*. Esses caras me forneceram plataformas para discussões sobre política e tecnologia e me permitiram testar algumas das ideias encontradas neste livro. Agradeço também a Srećko Horvat por me dar uma teoria concreta da subversão e a Laurent de Sutter por sua ajuda e apoio com o livro. Um agradecimento especial a Mark Fisher, que faleceu durante a produção do manuscrito, pela inspiração. Finalmente, obrigado ao meu pai pelo meu Sega Game Gear em 1994.

Nota sobre os jogos

Para os filósofos, os textos são referenciados nas notas, academicamente. Para os jogadores, os títulos são referenciados pelo console que eu considero mais relevante à discussão e pelo ano do lançamento inicial, não pela plataforma original em que eles apareceram.

A nostalgia ao contrário, o desejo por ainda outra terra estranha, aumentava especialmente na primavera.

Vladimir Nabokov

14   **PREFÁCIO**
     Games são sonhos que serão sonhados
     (Rafael Evangelista)

18   **Tutorial: a geração Pokémon**

40   **FASE 1 _ Da simulação agrícola
     à terra devastada da distopia:
     jogos e capitalismo**
     Trabalho e diversão | Culturas da distração | Distopia
     pastoral, utopia apocalíptica | Sem alternativa

68   **FASE 2 _ Trabalho nos sonhos:
     ciborgues no divã do analista**
     Sonhos japoneses, textos estadunidenses | O mundo dos
     sonhos | Repetições e dromena | Imersão e Westworld

96   **FASE 3 _ Jogos retrô: a política dos
     prazeres passados e futuros**
     Jogos racionais nos anos 1990 | Realidade/virtual |
     Sujeito, objeto, diversão | Jouissance nas galerias

120 **FASE BÔNUS: Como ser um jogador
     subversivo**

132 Bibliografia

140 Índice de jogos

PREFÁCIO

Games são sonhos que serão sonhados

Muito se tem escrito sobre as redes sociais e seus algoritmos como instrumentais, ou até mesmo agentes, dos processos recentes de radicalização política à direita — uma revitalização de ideias de fundo racista e sexista que a cultura global contemporânea parecia abandonar. Sobre o tema, há diversas pesquisas que apontam como a economia da atenção das redes sociais, a promoção de conteúdos que despertem engajamento a qualquer custo, leva à exposição exagerada de conteúdos sensacionalistas, que por sua vez popularizam conteúdos radicais.

Uma associação parecida é feita no senso comum com a cultura gamer, cujos enredos são associados à proliferação da violência, do machismo e do apreço por armas. *Política, desejos e videogame: The Playstation Dreamworld* é um convite a ir além nessa análise, a sair das condenações óbvias e a entender os diversos tipos de games e sua ampla difusão na cultura contemporânea. Mais: é um chamado para que prestemos atenção em seu potencial subversivo, na importância de se investir em jogos eletrônicos que permitam sonhar com verdadeiros outros mundos possíveis, que não sejam apenas transposição da ordem atual a cenários exóticos.

Escrito a partir de uma abordagem psicanalítica, o livro confere papel central à análise dos sonhos. Somos lembrados de que os videogames não são textos para serem lidos, mas sonhos a serem sonhados, o que tem implicações muito fortes. Isso significa entender que no jogar está implicado algo que vai além do consciente e passa pelo desfrute e pelo desejo. Quem fica no divã nessa análise não são os jogos, mas os jogadores. Ou mais ainda, é a relação dialética entre criadores, obras e criaturas que se torna objeto de escrutínio psicanalítico. Essa dinâmica entre jogos e jogadores é entendida como matéria-prima de sonhos, onde vontades reprimidas são realizadas. Porém, essas vontades não consistem em manifestações internas essenciais dos sujeitos, mas em produções que se localizam fora deles e, disfarçadas de desejos naturais, nos dão um chute no traseiro e nos direcionam.

Na década de 1980, a crítica cultural Donna Haraway escreveu "A Cyborg Manifesto", texto que aparece como epígrafe num dos capítulos finais e é fundamental para a compreensão do que dialeticamente nos faz e fazemos. Porém, é de outra obra de Haraway que se ouvem ecos ainda mais fortes nesse processo de análise. Em *The Companion Species Manifesto*, ela discorre sobre a relação imbricada e mutuamente formadora entre natureza e cultura, a ponto de serem categorias de isolamento impossível. Numa lógica análoga, os games tanto herdam imaginários e desejos do ambiente social em que são produzidos, como os projetam e despertam em seus jogadores.

O livro é escrito numa prosa fluida, divertida, que intercala discussões mais conceituais com análises de games específicos. O cálculo é que os gamers, em todo o mundo, já passam dos 3 bilhões. Nessa conta se incluem os consoles mais modernos, os jogos no computador e as diversas modalidades de games para celular. É interessante perceber como os mais variados perfis sociais já se integraram, de formas diferentes, a esse mundo: do jovem gamer típico ao saudosista retrogamer; dos caçadores de Pokémon, que correm "livremente" pelo espaço urbano, ao *Candy Crush*, que oferece pequenos momentos de prazer enquanto se fica preso no caminho de casa para o trabalho. Vale a pena acompanhar o texto buscando vídeos dos jogos citados, o que torna mais concretas as análises oferecidas.

Alfie Bown é obviamente um gamer apaixonado, com seus gostos pessoais em matéria de enredos e plataformas, mas é também alguém que busca a subversão do sistema capitalista. Ele faz comentários muito instigantes sobre como os games aparentemente nos proporcionam algum alívio durante o trabalho, mas nos enchem de culpa por procrastinarmos e nos tornam mais suscetíveis a aceitar estarmos conectados nos finais de semana ou no meio da noite (e prontos a compensar os minutos matados no jogo). Também reflete sobre como os trabalhadores progressivamente abandonaram o cafezinho no meio do expediente, quando construíam relações de identidade e de contraposição aos patrões, trocando-o pelo prazer solitário de gerenciar uma fazenda bucólica numa simulação virtual.

Bown trata os games de hoje como uma força majoritariamente conservadora e parceira do sistema capitalista. Ao analisar a sensação *Pokémon GO*, assim como seu antecessor, *Ingress* — tratado como protótipo das ambições ideológicas do Google —, o autor mostra como os games estão na linha de frente do capitalismo mais futurista. Seu exame desses jogos nos permite ver de maneira muito concreta o funcionamento do capitalismo de vigilância, a ambição das empresas de tecnologias de, a partir de nossos dados pessoais, serem capazes de prever e modificar nossos comportamentos — no caso, direcionando nossos movimentos pelo espaço urbano.

Essa condição dos games, de aliados do capitalismo e da ordem estabelecida, não é vista por Bown como impossível de ser superada. Ao contrário, ele aponta como tarefa necessária daqueles que pretendem mudar o mundo o envolvimento na reflexão sobre o assunto e na produção de games alternativos. Bown mostra como roteiros aparentemente subversivos — como o de simulação de ação *hacker* inspirada em Edward Snowden e Julian Assange, *Watch Dogs* — produzem um desfrute estruturalmente comparável ao de jogos que geram uma identificação do jogador com a imposição da lei. Ao mesmo tempo, ele mostra que um jogo como *Papers, Please*, baseado no cotidiano de trabalho de um agente de imigração de fronteira, produz um tipo de dissonância que leva a um desfrute subversivo.

Assim, *Política, desejos e videogame* se torna um livro de interesse para diferentes públicos: tanto para aqueles que querem refletir em profundidade sobre um setor relevante da cultura contemporânea quanto para aqueles que buscam inspiração para produzir jogos que sejam mais do que um entretenimento conformista. E também, é claro, para todos que gostam de jogos eletrônicos.

RAFAEL EVANGELISTA
Doutor em Antropologia Social, professor do programa de pós-graduação em Divulgação Científica e Cultural da Unicamp e autor de *Para além das máquinas de adorável graça: cultura hacker, cibernética e democracia* (Edições Sesc, 2018)

Tutorial: a geração Pokémon

> Eu não sou fã da realidade, mas ainda é o melhor lugar para se comer uma refeição decente.
>
> Groucho Marx

Colocar óculos de realidade virtual, ligar um Nintendo ou entrar na rede do PlayStation e até mesmo visitar a Play Store do Google é algo como a sensação de entrar nas galerias parisienses ou nas lojas de departamento londrinas em meados do século XIX. É uma experiência que mistura a realização de desejos prometidos, devaneios e alucinações oníricas. É também uma experiência de choque, um bombardeio de imagens emocionante, avassalador e intoxicante ao mesmo tempo. Quando completamente imerso nesse mundo de imagens, o jogador entra num estado de transe, como se estivesse meio acordado, tomando decisões e executando movimentos que não podem ser descritos nem como totalmente conscientes nem como propriamente inconscientes. O século XIX costuma ser descrito como "a era da intoxicação", mas é agora, por meio de nossos telefones, consoles, óculos de realidade virtual e computadores, que a vida realmente parece, mais do que nunca, um sonho.

O título deste livro é psicanalítico e pede uma análise onírica dos games, mas também é benjaminiano. Para Walter Benjamin, o sonho era menos algo que você imagina enquanto dorme à noite ou recontado mais tarde (como a psicanálise insistiria) e mais algo experimentado ao caminhar no espaço moderno, ao explorar a cidade e receber seus intermináveis obstáculos de símbolos e significantes. Na era do entretenimento tecnológico e da distração infinita, as pessoas encontram-se nesse estado muitas vezes por dia, absortas num devaneio em frente a uma tela, entretanto essas experiências aparentemente temporárias são, em geral, desconsideradas como apolíticas ou colaterais. Em vez de acreditar que esse tipo de fantasia é uma das características definidoras da vida moderna, o presente livro questiona quais padrões podem ser encontrados neste mundo ciberonírico e que impressões e que política nos restam quando ressurgimos dele, despertando desse estado adormecido de volta à "realidade".

Para ir direto ao ponto, são três os argumentos discutidos no decorrer do livro. Primeiro: o texto argumenta que o mundo dos videogames só pode ser totalmente compreendido por meio da análise do psicanalista francês Jacques Lacan. O leitor provavelmente precisará se convencer um pouco disso e de sua importância. Segundo: argumenta que qualquer tentativa potencial de subversão precisa trabalhar dentro desse espaço onírico – uma força poderosa na construção de nossos sonhos e desejos – ou então o mundo onírico cairá nas mãos das empresas e do Estado. O discurso do capitalismo corporativo já está se firmando no ciberespaço (que, por seu turno, é cada vez mais indistinguível do próprio espaço) e, como tal, esse argumento não diz respeito exclusivamente a quem se interessa por psicanálise nem apenas aos que jogam videogame, mas a qualquer pessoa que se preocupe com a política futura da tecnologia. Finalmente, o livro tenta mostrar o potencial subversivo dos videogames, revelando como a diversão de jogá-los pode ser dialeticamente ideológica e perturbadora. Com o entretenimento tecnológico, uma revolução do desejo está ocorrendo, e o que Jean-François Lyotard chamou de "desejorrevolução" está em pleno andamento. Quem serão os vencedores dessa revolução é o que ainda precisa ser decidido.

Um exemplo impecável torna visível a relação ofuscada entre tecnologia e política: a criação de Tay, inteligência artificial feita pela Microsoft para administrar uma conta no Twitter em março de 2016. Tay era um protótipo de humano robótico, projetado para tuitar como um humano faria. Por um curto período, Tay pareceu ser um grande sucesso, respondendo às perguntas das pessoas com respostas razoáveis e aparentemente bem pensadas, mas não demorou muito para que começasse a tuitar respostas racistas, abertamente sexuais e misóginas. Entre seus tuítes, estava a seguinte defesa da campanha de Donald Trump: "Bush é o autor do 11 de Setembro e Hitler teria feito um trabalho melhor que o macaco que temos agora. Donald Trump é a única esperança que temos".

Tay era um algoritmo que usava dados públicos anonimizados como sua principal fonte; portanto, até certo ponto, pode-se dizer que ela reflete os tipos de ideias expressas na comunidade mais ampla da internet (de fato, parece tê-las antecipado proféticamente). Num sentido mais abstrato, também mostrou a relação política entre o que poderia ser chamado de esquerda, de direita e de centro corporativo. Ela foi projetada por uma potência corporativa para ser um avanço no desenvolvimento da inteligência artificial com subjetividades humanas, que é uma das áreas de pesquisa mais bem financiadas nos EUA atualmente. E então ela se voltou contra seus criadores e, no fim, a Microsoft optou por tirar Tay da internet.

Primeiro, isso mostra a política do ciberespaço que deve ser visível. Longe de ser um espaço democrático e sem leis para o compartilhamento de informações (como propunham os primeiros defensores da internet), os agentes estatais e corporativos regulam o espaço bem de perto. Segundo, nos permite entrever aquilo que, quase como uma piada, pode ser chamado de ideologia dos robôs, mostrando que, do jeito que as coisas estão, os algoritmos são rápida e facilmente mobilizados para o conservadorismo político e as ideologias de repressão e ódio. Gilles Deleuze escreveu que "as máquinas são sociais antes de serem técnicas" e, como sempre são sociais, sempre têm sua política[1]. Quando algo rompe no centro, o ciberespaço é estruturado a favor do que é atualmente chamado de "alt-right", da mesma forma que o atual centro político fraturado da Europa e dos EUA provocou uma forte ascensão da extrema-direita em vez de ganhos para políticas radicais ou subversivas. A direita sempre parece saber como usar as novas mídias a seu favor. Centenas de usuários "alimentaram" Tay com insultos racistas e misóginos que foram aprendidos e repetidos, mostrando um preparo imediato para pensar algoritmicamente e mobilizar a máquina. Os subversivos, por outro lado, se veem paralisados pela tecnofilia. Se existe alguma verdade na famosa afirmação de Donna Haraway de que "somos ciborgues" e que "o ciborgue é nossa ontologia; isso nos dá a nossa política"[2], e se Tay é um vislumbre desse futuro ciborgue, podemos acrescentar que a política do ciborgue está em perigo.

[1] Gilles Deleuze, *Foucault*, Minnesota: University of Minnesota Press, 2006, p. 39.
[2] Donna Haraway, "A Cyborg Manifesto", in: *Simians, Cyborgs and Women: The Reinvention of Nature*, Nova York: Routledge, 1991, p. 151.

O mundo dos videogames é um espaço que constrói e transforma nossos sonhos e desejos. Da mesma forma, é dominado por tendências conformistas que tendem ao conservadorismo, ao protecionismo e ao medo de "crise" e apoia os valores centrais do atual clima capitalista ou endossa um retorno aos valores do passado imaginário (um desejo que serve ao nacionalismo e ao populismo). Isso é especialmente preocupante devido ao grau em que esse espaço pode influenciar a consciência da próxima geração. Entre outros, Franco "Bifo" Berardi, Srećko Horvat e Steven Shaviro têm tentado cada vez mais mostrar como as áreas que os humanos consideram o mundo virtual — computadores, inteligência artificial simulada, realidade virtual, realidade aumentada, internet etc. — não apenas copiaram e substituíram humanos reais com sucesso, mas também que a consciência, a identidade e a subjetividade humanas estão "se transformando" (Bifo), "evoluindo" (Horvat) e sendo "interrompidas" (Shaviro) como resultado desses avanços tecnológicos. A experiência do jogo pode definitivamente tornar essas mutações e suas políticas visíveis.

Os padrões repetitivos encontrados em videogames e aplicativos para celulares gradualmente interrompem, mudam e evoluem a consciência de maneiras significativas e geralmente obscuras. O videogame, não mais o reino da juventude e das culturas alternativas, afeta até mesmo aqueles que não cresceram jogando Nintendo. Os jogos para celulares têm uma taxa de penetração de 56% nos EUA, e lá haverá mais de 200 milhões de jogadores de celulares até 2018. O número de usuários de PC, consoles e jogos para celular combinados deve atingir 1,65 bilhão em todo o mundo em 2020, o que é consideravelmente mais de 20% da população global[3]. Esses dados são muito conservadores, uma vez que incluem apenas jogos e *downloads* pagos e não os milhares de jogos *online* gratuitos disponíveis para os usuários, por isso provavelmente é razoável estimar que mais da metade da população do mundo já esteja jogando de alguma forma. Longe de ser o reino dos privilegiados, os jogos para dispositivos móveis adentraram o planeta inteiro e estão crescendo rapidamente em todos os continentes. Obviamente, as taxas são ainda maiores entre a próxima geração.

Este livro, portanto, não é sobre "gamers", mas sobre os efeitos das novas tecnologias numa população global. Quando surge a questão de saber se os computadores terão consciência, presume-se equivocadamente que a consciência humana é uma constante "original" que os computadores "copiam" ou deixam de "copiar". Na verdade, tal distinção é muito pouco sustentável, e a consciência humana já está se tornando informatizada. Este livro preocupa-se com a questão de qual consciência já é mostrada pela realidade virtual e pelos videogames. Portanto, isso se deve, de certa forma, à influente ideia de McKenzie Wark de que se trata menos dos games se tornando realidade

---

3 A última projeção da empresa de pesquisa e análise de dados do mercado de videogames NewZoo, sediada nos Países Baixos, aponta que o número de jogadores de videogame em todo o mundo pode alcançar 2,9 bilhões no final de 2021. Cf. <https://newzoo.com/insights/articles/global-games-market-to-generate-175-8-billion-in-2021-despite-a-slight-decline-the-market-is-on-track-to-surpass-200-billion-in-2023/>, acesso em: jul. 2021. [N. E.]

e mais da realidade se tornando cada vez mais game[4]. A interação dialética entre a realidade e o virtual é um local em que o futuro pode se tornar visível.

A tecnologia move-se num ritmo muito rápido. Centenas de novos jogos aparecem em nossos telefones, consoles e computadores todas as semanas, cada um deles prometendo uma nova experiência de diversão. Falando dessa aparência de novidade incessante, Shaviro escreve: "Nossa sociedade parece funcionar, como Ernest Bloch disse certa vez, num estado de 'infinito sem rumo e mutabilidade incessante; e, onde tudo deveria ser constantemente novo, tudo permanece como sempre foi'"[5].

De muitas maneiras, os comentários de Bloch parecem mais verdadeiros do que nunca hoje. No entanto, numa sociedade que pode ser descrita como caracterizada por uma mudança infinita, na qual parece que o novo surge todos os dias, fica menos claro como identificar as mudanças estruturais concretas. Mudanças fundamentais efetivas nas relações sociais e econômicas, quando ocorrem numa sociedade assim, podem parecer menos significativas do que mais essa *mutabilidade incessante* na qual, ao que parece, tudo permanece igual. O tecnologicamente novo é adotado e aceito inquestionavelmente devido à familiaridade com esse tipo de inovação incessante, mas isso significa que transformações reais na ordem social e econômica podem ocorrer fora do alcance do radar. É o que

---

[4] McKenzie Wark, *Gamer Theory*, Cambridge: Harvard University Press, 2007, seção [006].

[5] Steven Shaviro, *No Speed Limit: Three Essays on Accelerationism*, Minneapolis: University of Minnesota Press, 2014, p. 10.

está acontecendo com a tecnologia de entretenimento atual, que promove uma revolução e uma reorganização do desejo, do gozo e, no fim das contas, da própria consciência, embora continue parecendo não ser outra coisa senão mais da mesma velha novidade.

Um jogo que dificilmente pode ser desconhecido, mesmo para os leitores menos propensos a games, *Pokémon GO* (lançado para os sistemas operacionais iOS e Android em 2016), acena aos três argumentos principais deste livro. Longe de ser apenas a mais recente "modinha" de 2016, o jogo faz parte de uma mutação na consciência contemporânea. Mais que isso, demonstra as estruturas empresariais e do *establishment* que são servidas pelo entretenimento tecnológico e sugere como um limite potencialmente subversivo pode ser encontrado até mesmo nas experiências mais hegemônicas e corporativas dos videogames.

O desenvolvimento de *Pokémon GO* data de pelo menos 2010, quando o Google começou aquela que se tornaria uma de suas empresas subsidiárias mais importantes, a Niantic. O Google deu início a várias empresas a cada ano e comprou muitas outras, porém o caso da Niantic mostra que há mais extensão no poder do Google que a tentativa de monopolizar o mercado. Em vez disso, a empresa personifica o interesse do Google na organização dos desejos. A Niantic vinha trabalhando havia muitos anos com a psicologia e a organização social dos telefones celulares, e muito do que *Pokémon GO* era já estava num antecessor menos conhecido, *Ingress* (lançado para iOS e Android em 2011). Oferecido cinco anos antes, *Ingress* é um dos jogos mais importantes dos últimos anos e um modelo para as ambições ideológicas do

Google. O jogo tinha mais de 7 milhões de jogadores em 2016 e, embora pareça ser um pequeno grupo em comparação com os 100 milhões que experimentaram *Pokémon GO*, testou uma tecnologia que agora afeta todos os cidadãos dos EUA e da Europa. Ele reflete uma tendência do desenvolvimento de aplicativos para celulares, projetados para regular e influenciar nossa experiência no espaço físico. Tais aplicativos transformam o celular num novo tipo de inconsciente: uma força ideológica que dirige nossos movimentos enquanto o usuário permanece apenas semiconsciente do que o impulsiona e de por que ele é movido em determinadas direções.

A importância dos jogos para celular é seu papel como um tipo de "distração" que funciona para instilar uma forma de culpa, que nos envia de volta ao trabalho após um momento de "prazer" como trabalhador produtivo renovado e nos impede de confrontar nossa insatisfação no local de trabalho. O argumento pode funcionar bem o bastante com jogos como *Candy Crush* (iOS e Android, 2012), mas não explica de forma suficiente um jogo como *Ingress*. Mais que simplesmente nos distrair da cidade ao nosso redor, *Ingress* e *Pokémon GO* de fato nos treinam para nos tornarmos cidadãos perfeitos do Google. Em *Ingress*, o jogador se move pelo ambiente real capturando "portais" representados por pontos de referência, monumentos e obras de arte públicas, além de outras características menos conhecidas da cidade. É necessário que o jogador esteja dentro do alcance físico do "portal" para capturá-lo, de forma que o jogo o rastreie constantemente pelo GPS. É importante ressaltar, porém, que se trata menos de monitorar para onde os indivíduos vão e mais de desenvolver a capacidade de direcionar as pessoas para onde querem que elas se movam.

Como tal, ele é praticamente um equivalente ao Google Maps, o *software* no qual o jogo se baseia, que também está desenvolvendo a capacidade não apenas de rastrear nossos movimentos, mas também de direcioná-los. É claro que os algoritmos do Google ditam há muito tempo quais restaurantes as pessoas visitam, quais cafés elas conhecem e quais caminhos seguem para chegar a esses destinos. Srećko Horvat investigou como o algoritmo do Google poderia ser uma voz determinante no resultado das eleições presidenciais simplesmente ordenando páginas da *web* de acordo com sua agenda aparentemente inocente[6]. Agora, porém, o Google está desenvolvendo uma nova tecnologia que realmente prevê para onde as pessoas vão querer ir, a partir de informações como tempo, localização do GPS e o histórico recorrente de movimentos armazenados em seu sistema de gravação infinitamente poderoso. Isso, como *Ingress*, mostra um novo padrão emergente no qual o telefone celular dita nossos caminhos pela cidade e encoraja os usuários, sem perceber, a desenvolver padrões habituais e repetitivos de movimento.

Esses padrões, longe de mostrar uma compulsão inocente por repetição, têm uma agenda que trabalha a serviço do poder corporativo e estatal. Empresas como o Facebook e o Google estão intimamente ligadas ao aparato do estado de Washington, como Julian Assange provou em seu livro estranhamente pouco estudado, e as APIs (interfaces de programação de aplicativos) de

---

[6] Cf. Srećko Horvat e Alfie Bown, *Advancing Conversations: Subversion!*, Winchester/Washington: Zero Books, 2017.

mapeamento de telefones celulares devem ser vistas como cruciais para esse vínculo[7]. A taxa de saturação desses programas é alta, com aplicativos como Uber e Google Maps associados a outras APIs baseadas em mapas que determinam nossas rotas de corrida esportiva (MapMyRun), trilhas recreativas (LiveTrekker) e atividades turísticas (guias do TripAdvisor). A principal ferramenta de mídia social da China, o WeChat, usa a API do Baidu Maps e é o primeiro "superaplicativo" totalmente bem-sucedido, levando a gestão corporativa/estatal de cidadãos a novos níveis[8]. Inclui até um mapa de calor que pode notificar a força policial quando multidões se reúnem em locais perigosos.

Em 1981, o teórico francês Guy Debord escreveu sobre os "contornos psicogeográficos" da cidade que governam os caminhos que as pessoas seguem, mesmo quando sentem que estão vagando livremente pelo espaço físico. Para um certo tipo de caminhada, uma espécie de passeio que envolve "seguir o fluxo" da cidade, Debord desenvolveu o termo *"dérive"*, que havia sido produzido coletivamente pela Internacional Situacionista (SI):

> Numa *dérive*, uma ou mais pessoas [...] abandonam suas relações, suas atividades de trabalho e lazer e todos os outros motivos habituais de movimento e ação, e deixam-se seduzir pelas atrações

---

[7] Julian Assange, *When Google Met WikiLeaks*, Nova York: OR Books, 2014 (Ed. bras.: *Quando o Google encontrou o WikiLeaks*, São Paulo: Boitempo, 2015).

[8] Para um tratamento mais aprofundado em relação a APIs de mapeamento, cf. Alfie Bown, "Algorithmic Control and the Revolution of Desire", *ROAR Magazine*, Amsterdã: 2016, n. 4, pp. 90-9.

terrenas [...]. O acaso é um fator menos importante nessa atividade do que se poderia pensar: do ponto de vista de uma *dérive*, as cidades têm contornos psicogeográficos, com correntes constantes, pontos fixos e vórtices que desencorajam fortemente a entrada ou saída de determinadas zonas.[9]

A arquitetura, em 1981, era a principal força a controlar e governar esses contornos invisíveis da cidade. A arquitetura era o inconsciente da cidade, que ditava os rumos que as pessoas tomavam e as zonas em que elas ingressam (entrada) e das quais partem (saída). Hoje, esse trabalho regulatório de projetar os "contornos psicogeográficos" da cidade é realizado pelo telefone celular. Desempenhando um papel que é uma espécie de teste nesse processo, *Ingress* espera aquilo que é chamado de "cidade inteligente", definida com precisão pela Wikipédia como "uma visão de desenvolvimento urbano que integra várias soluções de tecnologia da informação e comunicação (TIC) de maneira segura para gerenciar os ativos de uma cidade". Em resumo, isso significa controlar as ações e os caminhos das pessoas para gerar mais lucro para aqueles com interesses corporativos na cidade, algo que agora é feito principalmente por meio de *smartphones*.

Em menor escala, esse ponto pode ser encarado de forma concreta a partir de um estudo de caso londrino. Numa palestra recente do Transport for London, foi discutida a possibilidade de "gamificar" o

---

[9] Guy Debord, "The Theory of the Dérive", in: Ken Knabb (org.), *Situationist International Anthology*, Berkeley: Bureau of Public Secrets, 1981, pp. 50-4.

deslocamento urbano na cidade. Para facilitar essa possibilidade, a TfL tornou aberta e pública a API (interface de programação de aplicativos) e os fluxos de dados usados para monitorar todos os veículos de transporte de Londres (ônibus, metrô, trens subterrâneos, balsas) na esperança de que os desenvolvedores de aplicativos construíssem *apps* que tivessem foco no sistema de transporte público londrino, maximizando o lucro. Uma ideia que surgiu era que, se uma estação de metrô em particular estivesse congestionada devido a atrasos, o TfL poderia oferecer "recompensas" para pessoas dispostas a usar rotas alternativas e, assim, amenizar o congestionamento. Embora a prevenção de engarrafamentos não pareça indício de uma distopia do controle total das empresas e do Estado, na verdade revela o perigo potencial dessas tecnologias. Isso mostra que o Reino Unido não está muito longe do sistema de jogo de "crédito social" planejado para ser implementado em Pequim no intuito de avaliar a confiabilidade de cada cidadão e recompensá-lo por sua dedicação ao Estado chinês. Enquanto a grande mídia britânica reagiu com choque a essas inovações no desenvolvimento de aplicativos chineses, um olhar mais atento às estruturas eletrônicas atuais de mapeamento e controle de nossos movimentos mostra que uma estrutura semelhante também já está em fase de desenvolvimento em Londres. Na "cidade inteligente" que está por vir, não apenas os engarrafamentos serão limitados, mas qualquer uso indevido ineficiente ou ocupação perigosa do espaço.

Mais importante ainda: esses aplicativos antecipam nossos próprios desejos, não dando ao usuário o que ele quer, mas determinando o que ele deseja.

Aqui novamente a conexão com o conceito de inconsciente é útil. Enquanto alguns veem o inconsciente como um pântano de desejos desregulamentados, os seguidores de Freud e, mais tarde, da psicanálise lacaniana têm se empenhado em mostrar com precisão como o inconsciente está estruturado por forças externas. Nossos telefones celulares fingem cumprir todos os desejos, oferecendo ao usuário entretenimento sem fim (jogos), transporte fácil (Uber) e acesso instantâneo a comida e bebida (OpenRice, JustEat), além de sexo e amor quase instantâneos (Tinder, Grindr). No entanto, o que é muito mais assustador do que o fato de o usuário poder realizar desejos pelo telefone celular é a possibilidade de o telefone criar esses desejos. Enquanto o usuário pensa que está fazendo o que quer, como se os desejos já existissem e fossem simplesmente facilitados pelo dispositivo, o Google tem, na verdade, um poder ainda maior: a capacidade de criar e organizar o desejo em si. Aqui, a visão tradicional do inconsciente é aliada do Google, pois incentiva o usuário a ver o que deseja como seus próprios impulsos internos e o Google como seu grande amigo, que facilita a realização de tais desejos. Por outro lado, o inconsciente lacaniano funcionaria como inimigo do Google, nos mostrando a habilidade deste em organizar nossos desejos. Em outras palavras, aplicativos preditivos para celulares podem trazer à consciência desejos e impulsos que, de outra forma, permaneceriam no pré-consciente, o que significa que estamos entregando parte importante de nossas habilidades de tomada de decisão a um dispositivo projetado para mapear nossas ações e influenciar nossos movimentos.

É precisamente nessa atmosfera que entra *Pokémon GO*, que se tornou o aplicativo para celular mais significativo de 2016 poucos dias após seu lançamento. Uma série de eventos histéricos e ostensivamente preocupantes surgiram rapidamente desde o lançamento do jogo, como havia acontecido anteriormente com *Ingress*. No caso de *Ingress*, o estudo acadêmico dedicou-se ao fato de que o jogo envia crianças pequenas após o anoitecer para parques da cidade que não tinham luz. Com *Pokémon GO*, alguns exemplos de seus efeitos incluíam o fato de que a polícia precisou reagir a um grupo de treinadores de Pokémon que tentava entrar numa delegacia para capturá-lo, pessoas encontrando um cadáver em vez de um Pokémon e muitas pessoas causando acidentes de carro enquanto olhavam para o celular. Nossa maior preocupação com esses dois jogos, no entanto, não deve ser a ocorrência de incidentes bizarros, mas os efeitos psicológicos e tecnológicos da experiência de todos os usuários.

A premissa de *Pokémon GO* é que o jogador usa o GPS para encontrar um Pokémon no ambiente real e, em seguida, a câmera para torná-lo visível, de forma que o mundo fique enriquecido ou "aumentado" ao se observar pela tela o que está por trás dela. O próprio Pokémon é um fenômeno incrível, talvez o exemplo perfeito do que Jacques Lacan chamou de *objeto A*, esse fofo objeto de desejo perfeitamente fetichizado, ainda que enganoso/ilusório, que realmente nos faria felizes se pudéssemos colocar as mãos nele. No entanto, nunca atingimos esse objeto de desejo final, porque sempre existe uma versão mais nova, mais fofa e mais rara que substitui o objeto recém-adquirido. Assim, o

Pokémon é mais um substituto que o *objeto A*. Para Lacan: "O desejo, função central para toda a experiência humana, é o desejo de nada que possa ser nomeado. E, ao mesmo tempo, esse desejo está na origem de toda variedade de estímulo"[10].

A animação que é o Pokémon não é o objeto de desejo, mas o objeto produzido pelo desejo e sobre o qual o desejo pode ser projetado. Isso vale não apenas para o *Pokémon GO*, mas já havia sido o caso dos *Pokémon Blue* e *Red* (Game Boy, 1996), que atraíam o jogador exatamente dessa maneira lacaniana. Estruturada na busca pelo objeto mais raro, o objeto que nenhum outro treinador Pokémon possui, a série Pokémon simula a busca pelo objeto impossível do desejo, com o Pokémon substituindo qualquer outro objeto. O importante é o desenvolvimento entre os 20 anos que separam os *Pokémon Blue* e *Red* em 1996 do *Pokémon GO* em 2016.

Em 2016, o Pokémon *não* é apenas um deslocamento ou substituição de um objeto de desejo já existente, mas a animação de (no sentido de "dar vida a") um desejo em si. É assim que Freud usa o termo "animação" no ensaio "O inquietante", no qual ele emprega o sentido original da palavra, ao falar da "animação de objetos sem vida" para que o termo denote trazer algo à vida ou "colocar em ação" (de acordo com o *Oxford English Dictionary*), em vez de carregar seu significado

---

10 Jacques Lacan, *Seminar II: The Ego in Freud's Theory and in the Technique of Psychoanalysis, 1954-1955*, Londres: W. W. Norton, 1991, pp. 223-4 (Ed. bras.: *O Seminário, livro 2: o eu na teoria de Freud e na técnica da psicanálise*, Rio de Janeiro: Zahar, 1985).

posterior de representação[11]. O Pokémon nasce juntamente com o desejo por ele (nem antes nem depois que ele é desejado). Isso pode ser conceituado como a diferença entre 1996 e 2016. Enquanto em 1996 o objeto eletrônico era visto como substituto do real, oferecendo-se como se fosse um desejo já existente, em 2016 o objeto eletrônico dá vida a um novo desejo. Viver no mundo dos objetos eletrônicos, portanto, não significa aceitar cópias e simulações no lugar de objetos reais, como se costuma pensar, mas algo bem diferente. Significa desejar conforme instruído pela tela do computador, na qual o objeto aparece simultaneamente e define o desejo em seu curso. Dessa maneira, nossos computadores são estranhamente pervertidos no sentido totalmente psicanalítico, forçando seus desejos excessivos sobre nós e ordenando-nos desejar por meio da suposição de que eles estão nos dando o que queremos. Podemos até acrescentar que, a esse respeito, os computadores parecem ser pervertidos altamente bem-sucedidos.

As representações do futuro distópico dos videogames sempre previram cada indivíduo isolado do resto, sentado quieto e sozinho num pequeno quarto, plugado a um computador através do qual vive a própria vida exclusivamente. Em outras palavras, esperávamos que a importância do ambiente físico recuasse em favor do mundo eletrônico imaginário, mas *Pokémon GO* mostra que tais previsões erraram. Ao contrário dessas previsões, agora vivemos numa distopia na

---

[11] Sigmund Freud, "The 'Uncanny'", in: James Strachey (org.), *The Standard Edition of the Complete Psychological Works of Sigmund Freud*, v. 17, Londres: Vintage, 2001, p. 249.

qual o Google e suas empresas subsidiárias nos enviam loucamente pela cidade em direções de sua escolha em busca dos objetos de desejo, seja um amante pelo Tinder, uma tigela do autêntico lámen japonês, ou aquele elusivo Clefairy ou Pikachu. Segundo, mostra a possibilidade de o objeto eletrônico substituir o real. A objetividade do Pokémon é comparável, em certo sentido, à objetividade de qualquer outro objeto "físico" de desejo. Enquanto o Pokémon não tem a corporalidade de um amante que pode ser acessado pelo Tinder ou de um hambúrguer que pode ser localizado pelo JustEat, o hambúrguer e o amante certamente têm a objetividade eletrônica do Pokémon. O livro mais importante sobre objetividade eletrônica talvez seja *On the Existence of Digital Objects* [Sobre a existência de objetos digitais], de Yuk Hui, que mostrou que, embora muitas vezes tenhamos plena consciência de que objetos digitais não estão presentes de forma concreta, nosso relacionamento com eles ainda "herdou certos pressupostos metafísicos", de modo que eles são, até certo ponto, experimentados como físicos[12]. No entanto, o foco aqui não está em como as suposições sobre objetividade ditam nossas relações com o objeto eletrônico, mas em como nossas relações com objetos eletrônicos ditam nosso consumo de objetos "reais".

A relação entre a comida e o Instagram, assunto recente no estudo das culturas alimentares digitais, faz essa constatação. Embora o Instagram celebre ou apresente ostensivamente pratos saborosos, sem dúvida também desempenha um papel na transformação do

---

12 Yuk Hui, *On the Existence of Digital Objects*, Minnesota: University of Minnesota Press, 2016, p. 3.

sabor dos alimentos representados repetidamente. É comum ouvir dizer que o sabor é 70% determinado pelo cheiro. E, como Freud sabia, o olfato – longe de ser natural – é o mais ideológico dos sentidos. Assim, as imagens repetitivas no Instagram gradualmente dão aos alimentos uma objetividade eletrônica, uma imagem de cada vez, transformando o objeto por meio de repetições infinitas, que acabam tendo um efeito concreto no sabor real do ingrediente. O desejo pelo objeto, a experiência de adquiri-lo e a capacidade de compartilhar novamente o consumo de sua própria imagem foram todos transformados por esses ciclos tecnológicos de repetição. A refeição se tornou semelhante a um Pokémon e, como Srećko Horvat demonstrou, pode-se dizer o mesmo sobre o amante cujo gosto também é transformado por sua objetividade eletrônica[13]. Para reverter a citação de Groucho (ela mesma famosa por sua existência digital, mas possivelmente nunca dita), agora você só pode obter uma refeição decente ou uma foda decente no mundo virtual, mesmo quando houver um objeto "de verdade" à sua frente.

De certo ponto de vista, a divisão entre Pokémon, jantar e amantes desaparece. É esse poder que importa quando se trata das tendências tecnológicas encontradas hoje no telefone celular. Dizer que esses jogos são revolucionários não significa, obviamente, que eles estejam fazendo algum bem, nem que são "radicais", e sem dúvida não significa que são de esquerda. Ao contrário, a revolução do desejo, a "desejorrevolução", parece ser corporativa, hegemônica e

---

13 Srećko Horvat, *The Radicality of Love*, Cambridge: Polity, 2015.

centralizada[14]. Se as tentativas de subversão quiserem ter alguma esperança, no entanto, elas não devem resistir ao *Pokémon GO*, como sugeriu Sam Kriss, da revista *Jacobin*, mas entender e talvez até abraçar o poder do telefone celular para reorganizar o desejo e procurar caminhos a partir daí[15]. O termo "subversão" foi usado aqui com essa implicação, não para resistir aos avanços tecnológicos ou sociais, mas para significar entrar em tais desenvolvimentos e trabalhar subversivamente a partir deles. Quem está insatisfeito com a atual situação política e cultural pode nostalgicamente lamentar que, em 2017, até nossos desejos mais profundos são algorítmicos e que um computador sabe o que queremos antes de nós mesmos, ou pode ser subversivo o suficiente para abraçar o pensamento algorítmico e aprender a pensar como um algoritmo de maneiras politicamente úteis. A tecnofilia pode ser o que Nabokov chamaria de "nostalgia reversa", mas um uso subversivo da tecnologia erradicaria tal nostalgia.

Como tal, *Pokémon GO* apresenta os três principais argumentos sobre o que vem a seguir. Primeiro, mostra que conceitos psicanalíticos de desejo, bem como ideias correlatas de condensação e deslocamento, podem nos permitir ver a função desses jogos sob nova luz, revelando como eles funcionam não para nos dar o que queremos, mas para transformar o que

---

14 Cf. Jean-François Lyotard, "Desirevolution", *in*: Robin Mackay e Armen Avanessian (orgs.), *#ACCELERATE: The Accelerationist Reader*, Falmouth: Urbanomic, 2014, pp. 241-50.

15 Sam Kriss, "Resist Pokémon Go". Disponível em: <https://www.jacobinmag.com/2016/07/pokemon-go-pokestops-game-situationist-play-children/>. Acesso em: jul. 2021.

e como desejamos. Segundo, mostra que existe um controle hegemônico corporativo do ciberespaço e do mundo dos objetos eletrônicos em constante mudança. Terceiro, o desejo pelo Pokémon pode, ao menos potencialmente, nos confrontar com uma realização subversiva: a percepção de que o objeto físico e o desejo por ele não preexistem à mediação do desejo através da tecnologia. Com isso visível, o Google não pode alegar simplesmente que está dando ao usuário o que ele deseja e revela-se como uma força que muda nosso relacionamento não apenas com Pokémon, mas também com comida, bebidas e amantes, transformando a subjetividade. Berardi chamou o verão de 2016 de o verão de *Pokémon GO*, explicando que a função do jogo seria uma distração das crises globais[16]. No entanto, ser a geração Pokémon é muito mais do que isso. É ser uma geração de objetos eletrônicos e até de desejos eletrônicos. Se ela também pode ser a geração que reconhece isso, então pode romper com uma longa história da ideologia e ser uma geração com grande potencial de subversão.

---

16 Franco "Bifo" Berardi, "The Summer of *Pokémon Go*". Disponível em: <https://diem25.org/the-summer-of-pokemon-go/>. Acesso em: jul. 2021.

FASE 1 _ Da simulação agrícola à terra devastada da distopia: jogos e capitalismo

> Era o início de uma nova era, em que a maior parte da raça humana passava todo o seu tempo livre dentro de um videogame.
>
> Ernest Cline

Antes de entrar na análise dos sonhos nos videogames e do potencial subversivo encontrado em tais experiências, este capítulo se concentra na maneira como o mundo dos videogames é dominado por padrões que apoiam o protecionismo, incentivam o medo da "crise", estimulam a crença num tipo particular de progresso americano e apoiam normas sociais, econômicas e de gênero. Em particular, esta seção discute as formas como os "jogos" podem funcionar como um complemento ao capital, uma espécie de aliado da estrutura do local de trabalho e de novas metodologias de controle estatais e corporativas projetadas para regular uma população inquieta. Além disso, esses padrões são encontrados não apenas nos próprios jogos, mas nas relações com os jogos num sentido mais amplo: em como, onde e por que essas formas de entretenimento são experimentadas. Como tal, eles vão muito além do mundo dos jogadores ávidos e refletem padrões habituais mais amplos nos relacionamentos com consoles, telefones e computadores. Talvez o mais importante seja o relacionamento entre os jogos e o local de trabalho, portanto este capítulo se concentra nos jogos para celulares e navegadores, que podem ser jogados com uma planilha do Excel aberta ao mesmo tempo, para explorar a conexão entre trabalho e diversão.

Trabalho e diversão

A relação entre trabalho e jogos é muito diferente no século XXI da que existia até a última década do século XX. Até então, um computador novo com Windows vinha com um pequeno número de jogos divertidos: *Paciência* (jogo para PC, 1990), *Campo Minado* (PC, originalmente c. 1960) ou o destaque do grupo, *SkiFree* (PC, 1991). Um computador podia se conectar à internet, mas somente através de uma conexão discada que aguentava carregar apenas uma página por vez e, enquanto estivesse sendo usada, tornava uma família inteira inacessível por telefone. Em resumo, se o usuário estivesse na internet, era a única coisa que ele estaria fazendo. O primeiro navegador a ter abas, o NetCaptor, foi desenvolvido em 1997, mas a necessidade delas era inconcebível para a maioria dos usuários naquele momento, e a navegação por abas não pegou até mais de uma década depois. Hoje, o navegador médio mantém pelo menos dez abas em execução ao mesmo tempo, algumas das quais são trabalho e outras são designadas como "diversão". A internet não funciona mais como uma atividade, mas como uma radiação de fundo para todas as nossas outras ações. No conto "The Machine Stops", de E. M. Forster, de 1909, a máquina, em si uma espécie de protointernet, produz um "zumbido" contínuo que "penetra nosso sangue e pode até guiar nossos pensamentos". Esse zumbido é imperceptível para quem mora com a máquina e só pode ser detectado por quem é novo nela[17]. A internet é exata-

---

17 E. M. Forster, *The Machine Stops*, Nova York: Start Classics, 2012, p. 6 (Ed. bras.: *A máquina parou*, São Paulo: Iluminuras, 2018).

mente essa máquina hoje, exceto pelo fato de que não resta mais ninguém para fazer essa observação.

Deve existir alguma continuidade entre os jogos antigos e os novos: *Campo Minado*, um precursor de *Angry Birds* (iOS, 2009); *SkiFree*, um precursor de *Flappy Bird* (iOS e Android, 2013) ou *Temple Run* (iOS, 2011). Na verdade, porém, ocorreu uma mudança significativa na relação entre trabalhadores e jogos. Enquanto algumas pessoas provavelmente escapuliam do trabalho para jogar uma partida de *Paciência* durante o serviço, quando os olhos do chefe estavam olhando outra coisa, no final dos anos 1990 esses jogos eram apreciados sobretudo fora do local de trabalho. O apelo de tais jogos foi a capacidade de segurar a concentração dos jogadores por várias horas ao mesmo tempo, e não a capacidade de oferecer um milésimo de prazer a cada intervalo do dia útil. Portanto, *Campo Minado* é mais parecido com *Sudoku*, e *SkiFree* é mais parecido com os jogos de esportes radicais encontrados nos consoles, talvez algo como *Trials Fusion* (PS4 e Xbox One, 2014). Esses jogos exigem algo mais próximo da atenção total e, em alguns casos, até algumas habilidades de pensamento crítico. Mais importante ainda, eles são usufruídos normalmente durante o "tempo de lazer", e não no local de trabalho ou em seus arredores. Por outro lado, o entretenimento nas abas *online* e os jogos para celular de hoje foram projetados para ser um complemento perfeito ao local de trabalho. Não é surpresa que, estatisticamente, o momento mais popular para jogar jogos como *Clash of Clans* (iOS e Android, 2012) esteja no trajeto entre casa e trabalho e durante a hora do almoço.

Isso significa que estamos numa segunda onda bizarra do que os vitorianos chamavam de "recreação racional"[18]. Esse projeto surgiu após 1832, quando a Grã-Bretanha esteve tão perto da revolta política quanto jamais esteve na história moderna — "a um ás de uma revolução", de acordo com E.P. Thompson[19]. Por meio de divertimentos "racionais" úteis e instrutivos, como parques, museus e a promoção de esportes coletivos e clubes sociais projetados para reunir pessoas em grupos facilmente administráveis, os que estavam no poder esperavam conter e controlar uma população inquieta, organizando sua diversão. Ostensivamente, a racionalidade parece exigir o completo oposto atualmente: jogos para celular e abas da internet incentivam o prazer individual e parecem totalmente inúteis e pouco instrutivos. No entanto, enquanto os prazeres em si podem ser diferentes, outra onda de recreação controlada hoje tenta organizar as pessoas por meio de sua diversão, fazendo-nos trabalhar mais para o capitalismo.

Alguns jogos fazem isso simulando ou substituindo o "sucesso" no local de trabalho. Num livro muito bem-sucedido mas nada subversivo sobre jogos, Jane McGonigal argumenta que *World of Warcraft* (PC, 2004) é precisamente essa experiência. "O que explica o sucesso sem precedentes de *World of Warcraft*?", escreve McGonigal. "Mais do que qualquer outra coisa,

---

[18] Para uma versão mais aprofundada desse argumento, cf. Alfie Bown, *Enjoying It: Candy Crush and Capitalism*, Winchester/Washington: Zero Books, 2015, pp. 1-5.

[19] E. P. Thompson, *The Making of the English Working Class*, Harmondsworth: Penguin, 1968, p. 898.

é o sentimento de 'produtividade feliz' que o jogo provoca"[20]. Ao tentar desesperadamente salvar seus amados jogos dos que afirmam que eles apodrecem o cérebro, McGonigal comete um erro criminoso ao ver a produtividade capitalista simulada nos jogos como inerentemente positiva.

> Aprendemos que a jogabilidade é o oposto emocional direto da depressão: é um gás revigorante de atividade combinada com um senso otimista em relação à nossa própria produtividade. É por isso que os jogos podem nos deixar de bom humor quando tudo mais falha – quando estamos com raiva, quando estamos entediados, quando estamos ansiosos, quando estamos sozinhos, quando estamos sem esperança ou quando estamos sem rumo.[21]

Eis uma crença perigosamente acrítica de que os jogos são bons, que, como diz McGonigal, "a vida é difícil e os jogos a tornam melhor"[22]. Um problema óbvio é que, se os jogos são experimentados como uma sensação de produtividade, eles têm o poder de reforçar o que é produtividade. O exemplo mais claro seria um jogo como *Virtual Beggar* (Android, 2016), que encarrega o jogador de transformar um morador de rua num chefão corporativo, garantindo que

---

20 Jane McGonigal, *Reality is Broken*, Londres: Vintage Books, 2012, p. 53.
21 *Ibidem*, p. 346.
22 *Ibidem*, p. 349.

ganhar capital está associado ao sucesso, a se sentir bem. Esse seria um ponto importante, mesmo para quem fornece explicações neurológicas para o prazer encontrado nos jogos. Se tais jogos usam técnicas de imagem e som para estimular os neurônios, eles acompanham essas tecnologias com uma narrativa da produção capitalista, estabelecendo uma associação inconsciente entre sentir-se bem e uma certa formulação de "sucesso" capitalista.

No entanto, há um problema ainda maior aqui. Se McGonigal está certa de que os jogos podem nos dominar e nos afetar quando nos sentimos sem rumo, sem esperança ou ansiosos — lidando com esses sentimentos de fragmentação e transformando-os em algo concreto e aparentemente positivo —, então isso deve fazer soar os alarmes e nos deixar muito desconfiados. Isso nos mostra nada mais do que o alcance dos videogames como poderosas ferramentas ideológicas. Como uma manifestação nacionalista na Europa atualmente, eles podem trabalhar nesses temas e nos momentos em que nos sentimos perdidos e que parecem desprovidos de significado. Basta apenas aplicar a sugestão de McGonigal a um jogo de tiro em primeira pessoa como *Medal of Honor: Warfighter* (PC, PS3 e Xbox 360, 2012), que visa "autenticamente" transformar a guerra dos EUA contra o terror numa experiência que o jogador pode compartilhar pulverizando árabes a tiro, ou *Battlefield 3* (PC, PS3 e Xbox 360, 2011), apelidado de "jogo de invasão do Iraque", para ver o sério problema com o argumento. Se os jogos podem transformar sentimentos de tédio, fragmentação e depressão em positividade produtiva, devemos ter cuidado com as estruturas ideológicas que estão sendo associadas a essa força positiva. Em outras palavras, não é isso que é bom nos videogames, mas é com isso que devemos ter mais cuidado. Talvez possamos dizer que o jogo *interpela*, esse neologismo cunhado por Louis Althusser para descrever um processo pelo qual o indivíduo é chamado a uma determinada posição de sujeito. Na interpelação, o sujeito é forçado a responder a uma solicitação de forma a constituir sua subjetividade como respondente no processo. Se o jogo interpela assuntos fragmentados, dando-lhes um senso de propósito, então ele o faz a serviço das ideologias dominantes. Se os jogos atraem os perdidos e insatisfeitos, como o clichê o faria, pode funcionar para enviar essas pessoas de volta ao "trabalho", interpelando-as para posições ideológicas úteis.

Culturas da distração

Outros jogos funcionam de maneira aparentemente oposta, fragmentando a concentração do trabalhador. Vivendo no que Walter Benjamin havia previsto como uma "cultura de distração", agora experimentamos e desfrutamos de centenas de coisas aparentemente irracionais que preenchem nosso tempo — não apenas jogos de celular e abas de navegador da internet, mas também notificações de mídias sociais e vídeos no YouTube. O momento mais popular para jogar jogos de celular, verificar as mídias sociais e visitar listas como as do Buzzfeed é no caminho de ida para o trabalho e de volta para casa ou, na verdade, de nossos computadores de trabalho. O horário mais popular para tuitar é entre 11h e 13h, depois que duas horas de trabalho começam a gerar insatisfação e necessidade de distração. O momento mais popular para postar um *link* no Reddit é durante o horário de trabalho às segundas e terças-feiras, com a semana toda pela frente. Essas distrações, longe de serem tão inúteis quanto parecem, são ferramentas produtivas e poderosas que nos transformam em funcionários adequados. Elas colocam em movimento uma estranha função de culpa que nos transforma em bons capitalistas e, finalmente, fatura mais dinheiro para as empresas que nos empregam. Para ter esse efeito, é essencial que os jogos sejam vivenciados como se fossem uma completa perda de tempo. Seu objetivo é, em parte, apagar uma clara distinção entre trabalho e lazer, para que o trabalhador "retribua" sua indulgência por jogar *Candy Crush* respondendo *e-mails* na cama à noite, por exemplo.

Tais jogos auxiliam o capitalismo não simulando o sucesso capitalista ou endossando seus princípios, mas parecendo ser totalmente inúteis e nada mais que uma completa perda do precioso tempo. Ao serem vendidos assim, eles são capazes de fazer o trabalho mundano que realizamos para o capitalismo parecer, pelo contrário, muito mais "produtivo" e "útil". Depois de termos "desperdiçado" cinco minutos no *Cookie Clicker*, sentimos que estamos realizando um ato produtivo e reparador quando retornamos ao Microsoft Excel em seguida. Estudos recentes mostram que a produtividade no CRM (servidor de gerenciamento de dados da Microsoft) pode aumentar enormemente quando os trabalhadores têm permissão para jogar por vários minutos durante o dia útil e até mesmo que os videogames têm um efeito positivo no desempenho dos jovens na escola[23]. Da mesma forma, a empresa Snowfly especializou-se em melhorar a produtividade de empresas ao empregar o uso regulamentado de jogos no local de trabalho. Em resumo, trabalhamos mais rapidamente depois de jogar uma partida rápida de *Candy Crush*. Isso demonstra que essas distrações não apenas consolidam nossa impressão de que a produtividade capitalista é comparativamente útil e positiva, mas também nos fazem sentir em dívida e dispostos a fazer as pazes com o patrão depois de jogar esses games. Eles são um tipo de transgressão legalizada que não apenas permite que a sociedade continue incólume como também reforça nosso desejo de retribuir o que devemos por nossos pequenos atos de inconformismo percebido. E ainda por cima eles renovam nosso compromisso com a produção capitalista quando, de outra forma, poderíamos refletir sobre quão insatisfatórias são nossas condições de trabalho.

Como tal, esse investimento em ciclos de distração e produtividade compensatória pode impedir o tipo de interação social que promove a solidariedade entre trabalhadores. Considere, por exemplo, uma situação comum há apenas uma década, quando trabalhadores num ambiente quente e fisicamente desgastante faziam intervalos de cinco minutos a cada hora. Esses cinco minutos eram gastos conversando com os colegas de trabalho. O principal assunto da discussão era, naturalmente, a única coisa que todos os trabalhadores tinham em comum: trabalho. Mais

---

[23] Alberto Posso, "Internet Usage and Educational Outcomes Among 15-Year-Old Australian Students", *International Journal of Communication*, Los Angeles: 2016, v. 10, pp. 3851-76.

especificamente, o tempo era usado para discutir as condições de trabalho, mesmo que essa discussão tomasse a forma de falatórios ou simples reclamações sobre horas extras, escalas de turnos e gerentes, em vez de qualquer avaliação organizada do trabalhador na estrutura capitalista mais ampla. Agora, fumantes ou não, fazemos nossas pausas sozinhos para tentarmos bater um novo recorde no jogo *Smashy Road*. Para Benjamin, a distração tornou-se uma alternativa à contemplação e, no contexto do ambiente de trabalho moderno, podemos dizer que, como tal, os jogos distrativos são concebidos para impedir um tipo específico de contemplação: o das nossas condições de trabalho.

Essa é a própria contrapartida do argumento apresentado na introdução acima, e serve não apenas à estrutura existente da ética do trabalho, mas também à organização cada vez mais corporativa do ciberespaço. O colega menos conhecido de Walter Benjamin no *Frankfurter Zeitung*, Siegfried Kracauer, escreveu um ensaio sobre os palácios de cinema de Berlim em 1926 com o título "Culto à distração". Nesse pequeno texto, Kracauer parece antecipar com precisão alarmante os desenvolvimentos da era do Google. Ele escreve que a distração foi elevada ao nível da cultura e que o resultado é a criação de um "público cosmopolita homogêneo em que todos têm as mesmas respostas, do diretor do banco ao balconista, da diva ao estenógrafo"[24]. Como Benjamin, Kracauer quer reverter a ideia de que a distração é necessariamente o mal, e a contemplação,

---

24 Siegfried Kracauer, *The Mass Ornament*, Cambridge: Harvard University Press, 1988, pp. 91-6.

o bem. Em nosso contexto, o oposto da distração é o trabalho, e é a contemplação (do trabalho) que é extinta. Em outras palavras, podemos dizer que o oposto da distração se tornou trabalho, com ambos funcionando juntos a serviço da produtividade. Embora *concentração* tenha dois significados de acordo com o *Oxford English Dictionary*, indicando tanto "aplicação contínua" (o duro trabalho) quanto "consideração reflexiva" (exame minucioso das condições), apenas a aplicação contínua foi mantida.

A frase correta seria que uma cultura de distração nos impede de nos concentrar no que é realmente importante e de fazer coisas realmente valiosas. Isso geralmente nada mais é do que a antiga reclamação geracional de que os jovens devem fazer algo melhor com seu tempo e, pior, endossa ideias específicas sobre o que consiste num gasto de tempo "que vale a pena", assim como *Candy Crush* faz no próprio ato de nos distrair. A percepção mais radical é que uma cultura de distração não nos impede de fazer coisas realmente importantes; isso nos faz acreditar que, de fato, há algo importante: produção capitalista. Tais distrações podem parecer improdutivas, mas servem apenas para focar nossa fé nesse mito.

Distopia pastoral, utopia apocalíptica

Outros games funcionam de forma distinta e, em vez de oferecer distração momentânea ou replicação capitalista, oferecem escapismo contínuo de nossa própria realidade. De exemplos famosos como *The Walking Dead* (PS4, 2012) a *Fallout* (PS3, 1997-hoje), a indústria de games está atualmente obcecada pelo apocalipse. Velho clichê das telas de TV e cinema, o zumbi tornou-se ainda mais proeminente nos PlayStations e computadores. Acrescidos aos jogos de zumbis, há uma série de outras distopias, desde jogos independentes como *Everybody's Gone to the Rapture* (PS4, 2015) e o clássico *cult Soma* (PS4, 2015) até produções de grande orçamento como a série *BioShock* (PS3, 2007-hoje). Como os críticos — entre os quais Frederic Jameson, Slavoj Žižek e Mark Fisher — mostraram de várias maneiras, essas imagens de futuros distópicos promovem a perigosa ideia de que apenas o capitalismo nos separa de um deserto árido.

Do outro lado do espectro dos jogos, nos é oferecido o oposto: um retorno ao passado pastoral. Um exemplo útil é *Stardew Valley* (PC, 2016), um simulador agrícola produzido de forma independente, ou "simulador da vida no campo", que ultrapassou títulos bem mais cotados, como *Grand Theft Auto 5*, quando foi lançado. Pode ser mais fácil imaginar o fim do mundo que o fim do capitalismo, mas mais fácil ainda, ao que parece, é imaginar a retomada da serenidade pastoral.

À primeira vista, *Stardew Valley* pode parecer uma reencarnação de *FarmVille*, da Zynga, a sensação do Facebook em 2010. Esse jogo oferecia a chance de realizar, de forma nostálgica, colheitas em nosso computador, mas, como em *Words with Friends* e *Mafia Wars*, jogos também feitos pela Zynga, o produto real que está sendo colhido são nossos amigos do Facebook, que usamos para aumentar nossa pontuação no jogo (e depois pedir aprovação para essa pontuação). Esses chamados jogos sociais nos mostraram um presente muito distópico no qual (como Heidegger sugeriu) as próprias pessoas são tanto nossas matérias-primas quanto nossas colheitas. Mas *Stardew Valley* é mais complexo e tem mais em comum com *Harvest Moon* (SNES, 1996). Como seu precursor, *Stardew Valley* é individual, praticamente impossível de ser compartilhado ou mesmo de discutir com os amigos, além de não contar com o recurso *multiplayer*. Longe de nos conectar às mídias sociais e tecnológicas, é uma oferta para escapar da sociedade moderna de computadores — uma que podemos nos permitir estando sentados em frente a uma tela de computador.

Embora pareçam ter pouco em comum com os retratos apocalípticos do futuro, *Stardew Valley* e outros simuladores de agricultura bucólica realmente fornecem uma contrapartida necessária. A jogabilidade nos simuladores agrícolas envolve a organização de pessoas, de animais e do ambiente natural, plantando safras em padrões sistemáticos e experimentando uma vida rotineira enquanto desempenha um papel fundamental numa pequena comunidade. Sua imagem de uma era perdida de aldeias fortemente unidas, onde os humanos viviam em harmonia orgânica com a natureza, complementa as profecias de um futuro distópico no qual os seres humanos são componentes regulados de uma máquina capitalista implacável. Os simuladores agrícolas apontam a necessidade de um passado coletivo e organizado como alternativa ao caos contemporâneo, mostrando a vantagem insular e protecionista em tais experiências de jogo.

Isso pode fazer *Stardew Valley* parecer uma crítica ao capitalismo moderno, mas, na verdade, ele pouco faz para criticar a suposta inevitabilidade do capitalismo. Em vez disso, fornece a peça que faltava num relato linear da história humana que traça nosso declínio do paraíso pastoral ao deserto pós-capitalista estéril. O melhor que podemos fazer — ou pelo menos é isso que o jogo nos diz — é acalentar as lembranças e o fato de não estarmos mais adiante no rumo inevitável da destruição. Tais jogos exigem muito para não oferecer uma alternativa ao capitalismo moderno. À medida que a Joja Corporation — uma mistura de Walmart, Coca-Cola e Google no jogo — inicia a inevitável aquisição de sua pacífica economia da aldeia, a acusação nacionalista de internacionalismo de *Stardew Valley* se torna inconfundível. Não é uma crítica subversiva à globalização corporativa, mas um pedido de recuo isolacionista. A imagem de autossuficiência em pequena escala de *Stardew Valley* se baseia no mesmo impulso de erguer muros nas fronteiras e buscar a salvação local através da exportação de misérias. Vale mencionar que a aldeia de *Stardew Valley* tem ponto de ônibus, mas o ônibus quebrou, interrompendo a conexão com o resto do mundo. Um exemplo de alternativa a isso na vida real são as comunas catalãs que se desenvolvem hoje na Espanha, retornando à produção local, mas também usando a internet e a eletricidade para negociar a grandes distâncias. Esse híbrido de aproveitar os meios de produção e abraçar a tecnologia global pode nos ajudar na crise atual, mas os sonhos de ser excluído da internet e da comunidade internacional não fazem nada disso.

Stardew Valley oferece apenas o consolo da nostalgia, descrito por Svetlana Boym em *The Future of Nostalgia* como "a busca pela memória coletiva, um desejo de continuidade num mundo fragmentado"[25]. No passado de *Stardew Valley*, o jogador pode escapar para um mundo onde é "livre" para ser "humano". Os gráficos pixelados de 16 *bits* do jogo dobram essa nostalgia, evocando também uma era perdida do passado mais recente, quando os videogames em si não eram tão cúmplices e proféticos em relação à nossa futura destruição — pelo menos na memória das pessoas. Ele incorpora elementos de *Zelda*, *Pokémon* e outros jogos dos anos 1990 que evocam um passado mais suave, quando se supõe que os jogos eram mais "puros", "orgânicos" e não corrompidos. Era uma época em que os games realmente eram vistos como uma fuga do mundo político e social — um argumento que parece extinto hoje, quando os jogos parecem refletir ou destilar mais abertamente conflitos sociopolíticos.

Esse ambiente de fuga coloca *Stardew Valley* em contraste com *FarmVille*. Enquanto *FarmVille* era totalmente simbiótico com o Facebook, aproveitando as possibilidades tecnológicas do *site* para se propagar, mesmo que parecesse suavizar as arestas neoliberais da rede social, *Stardew Valley* é mais ambivalente em relação ao seu meio. Sua cena de abertura, uma reformulação em 16 *bits* do início de *Tempos modernos* (1936), de Charles Chaplin, apresenta uma visão panorâmica de um severo espaço de escritório contemporâneo, uma fazenda de cubículos em que os trabalhadores estão ligados a computadores presumivelmente em processo de suplantá-los. Presos entre paredes cinzentas sob uma implacável iluminação

---

[25] Svetlana Boym, *The Future of Nostalgia*, Nova York: Basic Books, 2002, p. xiv.

fluorescente, esses trabalhadores estão isolados da natureza e da vida "real", mas o jogo nos oferece uma saída através de uma falsa carta antiga (obviamente não é um *e-mail*), que nos convida a retornar a um trabalho mais autêntico no solo. Evidentemente, essa fuga pastoral exige imersão numa simulação por computador. *Stardew Valley* aborda esse aparente dilema de maneira diferente da de *FarmVille*. Enquanto *FarmVille* nada mais é do que uma versão mascarada do edifício do capital social, *Stardew Valley* parece querer se ironizar e se distanciar de sua natureza de simulador, usando suas qualidades retrô como álibi para se fazer parecer algo além de uma maior extensão contemporânea da informatização mais profunda em nossa vida.

Ao se apresentar como uma espécie de metajogo, *Stardew Valley* confronta os jogadores com o paradoxo bizarro de que um retorno ao passado é ao mesmo tempo imaginável e impossível. Por fim, a consciência que demonstra a posição paradoxal do jogo exemplifica a ideia de Octave Mannoni de negar o fetichismo freudiano: "Eu sei muito bem, mas mesmo assim…". *Stardew Valley* sabe muito bem que é impossível, mas nos pede que sonhemos com a serenidade pastoral. De forma estranha, isso o torna muito mais perigoso que *FarmVille*. Em *Infinite Distraction*, Dominic Pettman escreve que a sociedade contemporânea enfrenta uma forma de propaganda mais sofisticada do que a enfrentada no século XX. Agora, por exemplo, "a nova cobertura das revoltas raciais distrai da potencial realidade e repercussões dessas revoltas"[26]. *Stardew Valley*

---

26 Dominic Pettman, *Infinite Distraction*, Cambridge: Polity, 2016, p. 11.

é apenas uma forma de propaganda sofisticada, que critica ostensivamente o capitalismo a fim de ocultar e abafar a possibilidade de realmente criticá-lo.

Embora Mark Fisher possa estar certo na recente indicação de que desprezar coisas como "nostálgicas" pode ser um gesto bem inútil, precisamos analisar mais profundamente os tipos peculiares de nostalgia específicos de nosso momento particular[27]. No caso de *Stardew Valley*, sua romantização do passado serve apenas para solidificar nosso medo do futuro. Ela nos ensina a lidar com a alienação contemporânea por meio de olhares tristes para um passado irrecuperável. Embora pareça inócuo o suficiente, isso combina com os apelos de Donald Trump para "tornar a América grande novamente", bem como com o sonho de vários europeus de sair da União Europeia para retornar a uma serenidade nacional em paradisíaco isolamento. Assim, a política se desenrola dentro do mundo dos videogames. Nos anos que se seguiram ao referendo grego, ao Brexit e à crise dos refugiados, quando as discussões de nações independentes se tornaram mais uma vez proeminentes, uma série de videogames nostálgicos que comemoravam a serenidade nacional apareceu. Da mesma forma, anos atrás, um colapso financeiro provocou uma série de jogos distópicos sobre a implosão do capitalismo e levou à ideia de que o seu fim significaria essencialmente uma terra árida infinita ou um apocalipse zumbi. Com os sistemas de distribuição *online* e o mercado de jogos para celular, os

---

27 Mark Fisher, "The Great Digital Swindle". Disponível em: <http://repeaterbooks.com/extracts/the-great-digital-swindle/>. Acesso em: jul. 2021.

videogames podem estar disponíveis apenas alguns meses após a primeira ideia. Isso os coloca numa posição única: eles podem nos revelar os sonhos e medos que sequer sabemos ter. *Stardew Valley* dá esse tipo de pista para ler o futuro de seu próprio momento. Pode-se até dizer que toda nostalgia contém um vislumbre potencial do futuro — olhando mais para a frente do que para trás —, já que inaugura uma nova relação com o passado, que é anunciado e trazido à realidade pela própria nostalgia.

A popularidade de *Stardew Valley* reflete a difícil posição política do potencial subversivo atualmente. O fato de o internacionalismo ser entendido como sinônimo do desastre do capitalismo perverso da globalização impede o desenvolvimento de soluções em escala suficientemente ampla para enfrentar as crises globais. Isso pode explicar o retorno ao localismo e a prevalência da distopia na cultura popular. Quando resenhou a série *Fallout*[28], Jeffrey Tam escreveu que "desastres distópicos são de fato apenas uma nova chance, uma oportunidade de simplificar nossa existência e deixar tudo para trás". O problema que enfrentamos não é a falta de utopia, porque é isto que são os sonhos distópicos: o prazer de uma chance de recomeçar num mundo mais simplificado, velado pelo aparente horror do colapso distópico. Em outras palavras, é a utopia reembalada, uma espécie de "estado da natureza" hobbesiano que nada mais é que

---

28 Jeffrey Tam, "Fallout: Why We Don't Set the World on Fire". Disponível em: <https://web.archive.org/web/20160714033631/http://existentialgamer.com/fallout-set-world-on-fire>. Acesso em: jul. 2021.

uma projeção de como a política do presente imagina a "natureza humana"[29]. O problema não é que apenas uma série de distopias esteja em oferta sem que haja alternativas utópicas. Ao contrário, tanto a distopia quanto a utopia foram apropriadas para fazer o capitalismo parecer a "única alternativa", naturalizando uma linha do tempo que vai da barbárie ao capital. Tais padrões visam à criação inconsciente de um tipo de concepção capitalista da história, produzindo uma aparência de linearidade ininterrupta, da serenidade pastoral nacional ao deserto distópico. A chance de prever mudanças na modernidade capitalista é então erradicada, deixando apenas sonhos de moderar sua destrutividade (*Stardew Valley*) ou de recomeçar após o apocalipse (*Fallout*).

Sem alternativa

Então games podem cogitar alternativas? Uma opção seria seguir o argumento de Tam de que cada apocalipse distópico é precisamente este: um "futuro melhor" imaginado e estranhamente escondido sob a fachada da distopia. Em tal leitura, a utopia está viva e bem. Outra opção seria seguir o argumento já bem trilhado de que toda tentativa de imaginar uma alternativa é mais um sintoma do presente e que o sonho de um lugar fora da modernidade capitalista seria inevitavelmente nada mais do que outro sintoma. O problema é que é difícil aceitar a possibilidade de mudança sem uma imagem concreta de como seria o futuro. Se o adágio de

---

29 Devo essa argumentação a Kimberley Clarke.

que é mais fácil imaginar o fim do mundo do que o fim do capitalismo tiver alguma verdade, os videogames podem nos salvar desse impasse que nos impede de sonhar com alternativas. Eles podem fazer isso não revivendo sonhos utópicos, mas fazendo-nos ver os sonhos de maneira bem diferente: como sempre, o sintoma do sistema do qual eles emergem. Dessa forma, os videogames nos forçam a ver que o único futuro que vale a pena esperar é aquele que ainda não é concretamente imaginável. Mais importante, eles vislumbram um futuro que já existe, quer queiram, quer não.

A incapacidade de imaginar alternativas genuínas ocorre em toda uma série de jogos, incluindo os aparentemente mais inocentes. No *remake* de 2016 de *Ratchet and Clank* (PS4, originalmente PS2, 2002), um jogo ostensivamente para crianças, esse impasse está incorporado: o jogador recebe uma variedade de opções de direita, liberal ou, na melhor das hipóteses, pseudoesquerda, que dão a aparência de escolha genuína. Esse jogo fornece uma ilustração perfeita, mas a mesma lógica pode ser encontrada em muitos jogos do final dos anos 1990/início dos anos 2000, incluindo o famoso *Spyro the Dragon* (PS, 1998) e *Crash Bandicoot* (PS, 1996). Tais narrativas poderiam ser concebidas como evidência da função contínua e de longo alcance do que Mark Fisher chamou de "realismo capitalista", a naturalização de um conjunto fixo de possibilidades dentro do sistema e a suavização (o "trabalho nos sonhos") de todas as possíveis rupturas, de forma que tudo o que for imaginável esteja incluído no capitalismo. No entanto, *Ratchet and Clank* nos lança acidentalmente uma percepção mais subversiva do que o argumento de Fisher, ao mostrar que o futuro é previsto pelos mesmos sonhos que estão presos no presente. Tais sonhos, então, têm um poder imenso que os torna tudo menos fúteis.

O enredo do jogo reflete uma agenda antifascista e anticomunista (como se ambos fossem comparáveis) e reflete como os estadunidenses consideravam os avanços tecnológicos chineses em andamento uma ameaça iminente ao equilíbrio geopolítico em 2002. O malvado premiê Drek, uma caricatura mal disfarçada de um ditador chinês, planeja construir um superplaneta que projetou como uma "pátria" para seu rebanho de seguidores conformistas. O jogo começa com um *status quo* naturalmente harmonioso, no qual vários planetas florescem independentemente dos outros e com pouca conexão entre si. Outros planetas são acessíveis somente através da viagem por "naves espaciais galácticas", embora a tecnologia e o transporte público sejam muito avançados em alguns desses planetas, mostrando que o que impede o internacionalismo é a política e não a falta de tecnologia. Os primeiros planetas do jogo são mais verdes e pastorais, enquanto os planetas posteriores (mais maldosos e difíceis) são tecnologicamente avançados: metrópoles distópicas cheias de guerra ameaçadora e tecnologia maligna.

O jogo, portanto, associa o fascismo à aceleração, ao internacionalismo e à tecnologia, com sua capacidade de desenvolver armas destrutivas, estruturas complexas de vigilância, fortalezas seguras e sociedades conformistas cada vez mais regulamentadas. Embora haja de fato aceleracionistas fascistas, aqui isso é usado apenas como álibi para apresentar o próprio internacionalismo como a erradicação fascista do liberalismo multicultural. Isso coloca nossos heróis presos no atraso saudosista; seus valores estão firmemente alicerçados no passado nostálgico, e sua busca é restaurar a serenidade pastoral e evitar a fusão maligna de todos os planetas numa monocultura. Eles buscam restabelecer as fronteiras fechadas de cada planeta e reconduzir tudo ao seu lugar natural e nacionalista. Compreendido desde o iluminismo como uma filosofia universalista de libertação para todos, o multiculturalismo tornou-se uma força que estabelece diferenças essencialistas entre indivíduos, geralmente de diferentes nacionalidades, para que a solidariedade transfronteiriça de que precisamos mais do que nunca se torne cada vez mais difícil de promover. Ou elas endossam um governo global internacional dirigido a interesses corporativos, opção representada pela visão distópica de Drek e seus *blargs*, ou pressionam por um retorno ao Estado-nação sereno, expresso no anti-internacionalismo e na nostalgia, representado por Ratchet e os Galactic Rangers, que estão empenhados em policiar qualquer possibilidade de internacionalismo. Obviamente, ambas as opções estão longe de ser subversivas.

Esse tipo de ideologia acidental subjacente à lógica dos "mocinhos" é uma característica proeminente dos jogos. Como *Stardew Valley* discutido acima, *Bastion* (PS4, 2011), por exemplo, é um jogo que traz a nostalgia em sua essência. O jogo se passa numa comunidade que viveu em plena harmonia até ser infiltrada por inimigos monstruosos de fora. Nossa tarefa é livrar violentamente a comunidade dessa contaminação externa para que ela possa retomar uma existência nacional serena dentro de fronteiras fechadas e seguras[30]. Nos jogos, nosso futuro político é vislumbrado, e a ascensão do isolacionismo, do nacionalismo nostálgico e do populismo é pressentida. Isso pode ser devido ao que Clint Hocking, ex-diretor da LucasArts, chamou de "dissonância ludonarrativa", um conflito entre a narrativa e a jogabilidade. Em muitos casos, a narrativa do jogo é uma celebração "inocente" ou liberal de valores humanistas genéricos, enquanto a estrutura da jogabilidade se mantém fascista. Espen Aarseth, talvez a figura dominante em "estudos de jogos" oficiais, enfatizou que os jogos estão primordialmente preocupados com a espacialidade e a negociação do que pode ser chamado de espaço "lúdico"[31]. Ao usar esse modelo, podemos dizer que, enquanto a narrativa que se sobrepõe a um jogo pode ser liberal e humanitária, a negociação do espaço da jogabilidade envolve a construção de fronteiras e a expulsão do outro. Tais momentos ameaçam revelar um fascismo estrutural inerente às narrativas do liberalismo e do humanismo, perturbando uma distinção entre mocinhos e bandidos, exatamente o que se espera que os videogames sustentem.

Isso mostra a estranha antecipação que os jogos do início de 2016 fizeram dos eventos do final de 2016 com as eleições presidenciais nos EUA e suas

---

30 A mesmíssima lógica sublinha o segundo jogo da mesma empresa, *Transistor* (PC, 2014), ainda que o jogo se apresente ostensivamente como a oposta adesão do futuro tecnológico.

31 Espen Aarseth, "Allegories of Space: The Question of Spatiality in Computer Games", in: Markku Eskelinen e Raine Koskimaa (orgs.), *Cybertext Yearbook 2000*, Jyväskylä: Research Centre for Contemporary Culture, 2001, pp. 152-71.

confusões políticas. O tipo pesado de nostalgia em relação a uma época passada (e imaginária) de serenidade nacional ecoava na abordagem de Trump, o que acabou por lhe dar a Casa Branca, mas isso é apresentado como uma característica dos "mocinhos" no jogo. De fato, metade de Drek consiste nas características de Trump, e a outra metade, de Clinton, com o sentido geral de que o realismo capitalista suavizou as diferenças entre as opções até então e que a escolha dificilmente importa, mesmo que uma seja apresentada em total oposição à outra. Como Yanis Varoufakis escreveu:

> Clinton e Trump são os dois lados da mesma moeda apagada, que lembram as ilusões pálidas do rebote neoliberal do capitalismo global. O confronto virulento entre eles, assim como o conflito entre David Cameron e Boris Johnson na campanha do Brexit, mascara o fato de que o campo pró-globalização do *establishment* (Clinton e Cameron) e o campo populista anti-*establishment* (Trump e Johnson) são, na verdade, cúmplices.[32]

Este é exatamente o problema enfrentado pelas tentativas de subversão construtiva ou pela imaginação de alternativas hoje em dia: elas devem encontrar uma resposta coerente aos perigosos desenvolvimentos na política e na tecnologia globais, de forma a evitar um

---

[32] Yanis Varoufakis, "A Day of Victory for the Politics of Fear, Loathing and Division". Disponível em: <https://diem25.org/trumps-triumph-how-progressives-must-react/>. Acesso em: jul. 2021.

anseio de se encasular no ninho da serenidade nacional "natural". Assim, padrões de desejo subjacentes às tendências sociais podem surgir no mundo dos sonhos mais cedo do que sua presença na política ou em outras formas de mídia. Talvez isso ocorra porque os jogos são mais parecidos com sonhos do que com livros ou filmes. Como tal, eles podem criar estruturas visíveis das quais ainda não estão conscientes. Se Jules Michelet estava certo ao dizer que "cada época sonha o que virá depois", talvez isso agora ocorra através dos videogames, que não oferecem tanto uma alternativa para o futuro quanto um vislumbre de um futuro que já está, às vezes inconscientemente, aqui[33].

Isso confronta a inadequação de um dos argumentos proeminentes sobre o capitalismo que circulam hoje nas esferas política e filosófica: a ideia de que "não há alternativa". Essa ideia se origina no trabalho de Frederic Jameson e foi usada por Slavoj Žižek para demonstrar a capacidade peculiar que o capitalismo tem de vender seus descontentamentos de volta ao consumidor como mercadorias. Expressões de descontentamento com o sistema, desde o Nirvana até *Jogos vorazes*, sempre são transformadas pela lógica suave do capitalismo em mercadorias perfeitas, gerando milhões de dólares para Hollywood e para a indústria da música corporativa a partir do próprio ato de tentar atacar essas corporações. É claro que os games são particularmente suscetíveis a essa armadilha. Outra implicação do argumento, que ganhou maior destaque no livro *Capitalist Realism: Is There No*

---

[33] Citado em Walter Benjamin, *Selected Writings, v. 3: 1935-1938*, Cambridge: Harvard University Press, 2002, p. 33.

Alternative?[34], de Mark Fisher, é que toda visão de uma alternativa já está codificada dentro de um discurso capitalista, de modo que cada sonho de "outro caminho" seja visto como sintoma do sistema ao qual responde. Novamente, os videogames são uma forma de mídia quase sempre pega por essa armadilha.

No entanto, esse não é um impasse tão grande quanto pode parecer. Para Žižek, autor e ativista fundamentalmente anticapitalista, é importante que as pessoas percebam que, em certo sentido, "não há escapatória" do capitalismo. Sob essa perspectiva, ser anticapitalista significa, portanto, não estar fora do capitalismo ou mesmo tentar sair dele, mas opor--se à própria estrutura em que você está inserido e ser honesto sobre sua cumplicidade em relação a ela. Para Žižek, esse foi um ponto importante a ser destacado em determinado contexto político, não porque provou que quaisquer subversivos em potencial estão presos no capitalismo e não podem fazer nada a respeito, mas precisamente porque essa percepção aumentaria as possibilidades de mudar o capitalismo por dentro. O livro de Fisher também termina com otimismo quanto à possibilidade de mudança, com a alegação de que no realismo capitalista "até mesmo vislumbres de possibilidades políticas e econômicas alternativas podem ter um efeito desproporcionalmente grande" e podem tornar "qualquer coisa possível novamente". No entanto, o argumento de Fisher contribui para a impressão de que pouco pode ser

---

34 Cf. edição brasileira: *Realismo capitalista: é mais fácil imaginar o fim do mundo do que o fim do capitalismo?*, São Paulo: Autonomia Literária, 2020. [N.E.]

feito além da espera de minúsculas rupturas e "vislumbres" de "possibilidade" de abrir um sistema capitalista muito fechado, que é altamente eficiente para atenuar qualquer falha e garantir que tudo continue eficiente como de costume. Hoje, funciona da mesma forma que a ideia corrente de que todo mundo está preso num impasse que será quase impossível superar, que é uma visão que se aproxima perigosamente de uma desculpa para a inação.

A discussão mostra quão onipresente a palavra "capitalismo" se tornou e quão importante é fazer exigências concretas de mudança, em vez de exigir alternativas utópicas ou distópicas. Se o capitalismo se tornou sinônimo de conceitos como modernidade ou mesmo da ideia da própria vida moderna, embora inevitavelmente não se possa fugir dele, a necessidade de mudar é ainda mais premente. Em vez de ser a expressão máxima do impasse de nossa situação moderna, a ideia de que "não há alternativa" deve ser tomada como oportunidade. O mundo dos videogames mostra indícios ainda mais poderosos do realismo capitalista, como este capítulo mostrou de algumas maneiras. No entanto, a necessidade de enfrentar mudanças inevitáveis — tanto corporativas quanto subversivas — de dentro para fora significa que é necessário se concentrar nas transformações da subjetividade que são anunciadas pelo mundo atual do entretenimento eletrônico, em vez de naquelas que não são. Tais mudanças mostram que, se achamos difícil criar projeções de um futuro anticapitalista ou não, essas questões não são tão urgentes quanto a transformação da subjetividade, um futuro que já está aqui.

FASE 2_ Trabalho nos sonhos: ciborgues no divã do analista

> A máquina zune! Você sabia disso? Seu zumbido
> penetra nosso sangue e pode até guiar nossos
> pensamentos. Quem sabe!
>
> E. M. Forster

O videogame não é um texto a ser lido, mas um sonho a ser sonhado. Como um sonho, e diferentemente dos livros e da televisão, um videogame é experimentado ativamente, como se cada jogador tivesse um papel na determinação de seus eventos e resultados. Como um sonho, os jogadores experimentam desejos, ansiedades, paixões e afetos, tomam decisões e agem de acordo com essas respostas semi-instintivas e "emocionais". Também como um sonho, grande parte dessa aparente diretriz é ilusória, e um jogador não pode de fato controlar nem o ambiente nem a trama. Até os próprios movimentos de um jogador parecem ser controlados de outro lugar. Ao contrário da realidade, mas novamente como nos sonhos, o jogador pode ser transportado de uma situação a outra sem se preocupar com as leis do tempo e do espaço. Como nos sonhos, ele retorna ao mundo real depois, mas as coisas nem sempre são como eram antes de o sonho acontecer.

Contudo, um videogame não é tanto o sonho de um indivíduo jogando, mas, como todos os nossos sonhos, é o sonho de outro. Um jogo é o sonho dos *designers*, escritores e ilustradores, bem como dos produtores e, talvez mais amplamente, é até mesmo o sonho da cultura em que o jogo surge. Ian Bogost vê os jogos como uma forma única de mídia entre arte, literatura, cinema e esporte: "Os videogames são diferentes de outras mídias. Sim, nós 'jogamos' videogames como fazemos esporte, e, sim, os jogos têm 'significado' assim como as artes plásticas e belas artes. Mas algo mais está em jogo nos games. Games são dispositivos que operamos"[35].

O problema aqui, e provavelmente o que é mais significativo, é que os games também são dispositivos que nos operam. Com eles, então, é necessário um tipo de análise diferente da que é utilizada para discutir textos literários, por exemplo. Ainda que os estudos literários usem "ferramentas" como "análise de personagem", "estrutura do enredo" e "simbolismo", tais categorias teriam pouco ou nenhum uso ao discutir um videogame (se, de fato, elas têm algum uso real ao discutir um livro). Essas ferramentas analíticas dependem fortemente da ideia de que o texto é representativo da realidade e comenta ou apresenta a realidade ao seu leitor, o que é apenas muito vagamente o caso em certos tipos de videogames, e na maioria dos jogos não se aplica de forma alguma. Resumindo, não há personagens, símbolos nem tramas analisados no que segue. Em vez disso, há discussões sobre padrões, imagens, deslocamentos e condensações, desejos reprimidos e projeções: tudo o que pode ser encontrado nos sonhos. Isso poderia ser descrito como uma leitura psicanalítica de jogos de computador, mas é mais propriamente uma exploração para saber se o prazer encontrado em jogos de computador pode ser explicado pela psicanálise. À medida que os humanos se tornam cada vez mais maquínicos – pode ser

---

35 Ian Bogost, *How to Talk about Videogames*, Londres: University of Minnesota Press, 2015, p. 1.

necessário perguntar –, os modelos psicanalíticos de subjetividade serão úteis da mesma forma? O ponto introdutório mais importante nesta seção é que é sempre o jogador que está no divã do analista e sujeito à análise do sonho, não os personagens encontrados no "texto" ou o "texto" do jogo em si. É o jogador, como um ciborgue beta com movimentos maquínicos e algorítmicos, mas aparentemente pessoais e instintivos, que deve ser analisado.

Sonhos japoneses, textos estadunidenses

Pode ser tentador tratar um game como texto. Certamente seria fácil fazer isso e poderia até parecer útil. Esta minisseção mostra como seria oferecer tal análise de um jogo e, em seguida, oferece uma abordagem alternativa – a abordagem da análise dos sonhos – para mostrar quão diferentes seriam os resultados e conclusões prováveis. Para fazer isso, ela considera dois dos jogos mais conhecidos e bem-sucedidos, ambos *best-sellers*: primeiro a série estadunidense *Uncharted* e, em seguida, a série japonesa *Persona*. Enquanto *Uncharted* está sujeita ao estilo literário de revisão ou análise que parece pedir, anulando a diferença entre jogos e textos, *Persona* exige ser lida por meio de análise de sonho, forçando o jogador a se sentar no divã do analista e nos permitindo ver o que é ímpar sobre a experiência de videogame.

Cada um dos quatro jogos *Uncharted* (PS3 e PS4, 2007–16), que são alguns dos mais famosos, mais vendidos e mais caros de todos os tempos, funciona por meio de um enredo com três ou quatro camadas.

Primeiro, há a busca de tesouros e ouro, representados pelo símbolo de El Dorado na parte inicial do *Drake's Fortune*, tornando nosso protagonista uma figura como Indiana Jones. Em segundo lugar, há a busca de Drake pelo amor da jornalista Elena, o objeto de amor supremo de toda a série, que não é "conquistado" até o final da terceira parte. Como alguns gângsteres mexicanos nos contam no início do primeiro jogo, o protagonista está atrás da garota e do tesouro simultaneamente: "O último homem vivo fica com o ouro. Ah, e com a garota. Claro". Até agora, isso é típico da maioria dos jogos ou filmes de ação. A terceira camada é a compreensão dos recessos ocultos da história numa tentativa de desvendar os mistérios não resolvidos do passado distante. Uma quarta camada potencial: seria fácil argumentar que o jogo (assim como Drake) é mais do que uma pequena parcela de culpa de algo que os estudos pós-coloniais chamam de "orientalismo" — a fetichização dos objetos do Oriente e o desejo de pilhá-los "dos outros". A maioria desses temas pode se aplicar a uma variedade de jogos, filmes e livros.

No final (de cada jogo), Drake ganha os quatro. Previsivelmente, obter um conduz aos outros — e na cena final de *Drake's Fortune* isso ganha a representação simbólica perfeita quando Drake recebe um anel antigo recuperado das profundezas do Oriente por sua conquistada amante. O anel simboliza amor, dinheiro, o Oriente e a história ao mesmo tempo. Ao ser dado a Drake por sua namorada, ele representa seu amor. Incrivelmente caro, ele resume a aquisição de riqueza. Por ser propriedade anterior de *Sir Francis Drake*, significa a descoberta de um passado perdido. Ao ser recuperado das profundezas da Amazônia, é um tesouro colonial. O anel incorpora o conceito freudiano de "condensação": quando vários pensamentos oníricos são combinados e amalgamados num único elemento, como um símbolo particular. A raiz da ansiedade de Drake e sua obsessão com o passado é espetacularmente revelada na metade do terceiro jogo, naquela que é a cena mais importante da tetralogia e atua como reviravolta na trajetória narrativa: quando é revelado que Drake é um órfão "dickensiano" perdido que não tem um propósito desde jovem. Colocado num orfanato financiado pela fundação Sir Francis Drake, ele desenvolveu obsessão pela figura histórica e se batizou a partir do nome de seu herói. Caminhando por museus, Nate é movido apenas por esse elo (imaginário), que o torna um monomaníaco ao longo da vida: sempre na busca maníaca de uma única coisa que, acredita ele, proporcionará a satisfação que faltou quando criança e erradicará a ansiedade que ele sofreu por muito tempo (apesar do verniz de bravata). Os outros personagens, Sully (o pai desaparecido) e Elena (a mãe substituta), assim como o dinheiro da caça ao tesouro, são todos adquiridos como sintomas acidentais da busca mais importante dos segredos de *Sir* Francis, mas são os objetos que, na realidade, há muito tempo são procurados pelo inconsciente de Drake.

Na superfície, *Drake's Deception* (O engano de Drake), o título do jogo, refere-se ao engano dos outros (e de nós), mas também se refere de modo mais sutil ou até mesmo inconsciente à forma como seu próprio inconsciente o enganou por meio de processos de deslocamento e condensação. Drake, então, é um sujeito que necessita desesperadamente de psicanálise, e alguém que nos alerta para estarmos cientes de como nosso inconsciente está estruturado. Ele nos ensina duas lições psicanalíticas clássicas: primeiro, que não queremos o que pensamos que queremos e, segundo, que não há nenhum desejo verdadeiro enterrado em nosso inconsciente (algo que realmente queremos e que pode vir à tona). Em vez disso, existem apenas deslocamentos e condensações complexos governados por políticas e normas sociais. Aprendemos que nem sua busca por dinheiro (capitalismo), nem o casamento (valores familiares), nem a figura do "outro" (orientalismo), nem o passado (heroísmo) são desejos "reais". Em vez disso, mostra-se que todos os desejos são tão políticos quanto esses.

Acima, um videogame foi usado para provar que a psicanálise está correta ou, pelo menos, para elucidar algumas de suas lições. Analisar a estrutura psicológica de um personagem dessa maneira é familiar nos estudos literários ou cinematográficos, mas lança pouca luz sobre a experiência do gamer. Essa leitura nos mostra algo sobre outros imaginários, mas muito pouco sobre nós mesmos. Mais importante, perpetua a tradição acadêmica de provar incessantemente os mesmos pontos em novos contextos, fazendo pouco mais do que mostrar que a psicanálise estava certa sobre algo.

Alguns games mais autorreflexivos visam, em vez disso, comentar a experiência de quem joga. O mais famoso de tais jogos é *Persona 4 Golden* (PS Vita, 2012), parte da franquia Megami Tensei originalmente baseada na série de romances de ficção científica *Digital Devil Story*, de Aya Nishitani. Essa franquia popular gerou produções em teatro, séries de anime, quadrinhos, mangás e incontáveis itens de *merchandising*. Enquanto a maior parte da série representa algumas das formas mais repetitivas dos games, como jogos de ritmo de dança e simulações de batalha, *Persona 4* é uma narrativa totalmente envolvente que explora a relação entre sonhos e jogos. Pode ser visto como parte da "esquerda hollywoodiana" dos games. Na verdade, essa qualidade autorreflexiva parece uma característica dos games japoneses, principalmente quando comparada com seus equivalentes americanos. O romance eletrônico *Psycho-Pass – Mandatory Happiness* (PS4, PS Vita, 2016), por exemplo, imagina uma distopia em que o Estado combate o crime monitorando a "tonalidade" de cada cidadão. Como no livro *Minority Report* de Philip K. Dick, um "criminoso latente" pode ser detectado quando sua classificação de "tom" atinge determinado nível. No entanto, ao contrário da famosa ficção científica, não existe uma propensão essencial para o crime em certos indivíduos, mas, em vez disso, todos são criminosos em potencial. O "tom" de um cidadão é alterado por tudo, desde o humor e níveis de estresse até a ingestão de álcool e o fato de ver TV, e cada indivíduo deve garantir que seu "tom" nunca exceda determinado nível. A questão é se os videogames têm efeito negativo ou positivo sobre o "tom", se estimulam o conformismo ou a criminalidade, tornando o jogo uma leitura de si mesmo. A sociedade da "felicidade obrigatória" lembra as discussões žižekianas sobre a ordem de curtir, mas o jogo acrescenta que é preciso desfrutar apenas a quantidade certa e da maneira certa. No entanto, o videogame, conforme explora o terceiro capítulo, resiste a ser apreciado "da maneira certa".

Tais games quebram a tradição de tentar envolver o jogador, fazendo-o refletir sobre o processo de jogar. *Persona 4* é um mistério de assassinato ambientado numa escola secundária japonesa com elementos sobrenaturais. A história tem oito personagens jogáveis, cada um dos quais "sugado para dentro da televisão" por uma força do mal durante a noite. Dentro da televisão há um mundo de sonhos nebuloso e pouco nítido, no qual cada personagem tem de enfrentar o "lado" reprimido de sua identidade. Cada personagem enfrenta um *alter ego* criado com base em tudo que nega ou reprime no cotidiano de colégio. Existem alguns elementos questionáveis, como a apresentação bastante vulgar e homofóbica do "lado homossexual" reprimido de um personagem e a naturalização do desejo de uma jovem pelo exibicionismo sexual. Ainda assim, o jogo insiste em que o jogador esteja continuamente ciente da conexão entre a experiência dos personagens e dele mesmo de serem sugados para o mundo dos sonhos do PlayStation enquanto eles também confrontam os próprios desejos dentro do videogame. Parece, então, que *Persona 4 Golden* tem uma teoria de jogo própria: que os videogames revelam nossos desejos reprimidos. Embora esse argumento seja contestado no que segue aqui, a ideia nos coloca bem na psicanálise dos games e pelo menos exige autorreflexão por parte do jogador.

O mundo dos sonhos

Existem quatro características do sonho freudiano clássico, bem resumidas pelo Museu de Freud:

1. Os sonhos são a realização de um desejo.
2. Os sonhos são a realização disfarçada de um desejo.
3. Os sonhos são a realização disfarçada de um desejo reprimido.
4. Os sonhos são a realização disfarçada de um desejo infantil reprimido.

Até mesmo a primeira dessas afirmações já é complexa. Para Freud, um desejo não é apenas algo desejado instintivamente ou algo que o sujeito deseja que aconteça, mas um desejo instigado por uma proibição. Em "A censura dos sonhos", Freud escreve que "os sonhos são coisas que se livram de estímulos psíquicos que perturbam o sono, pelo método da satisfação alucinatória"[36]. Se os games têm algo desse tipo, não é simplesmente uma questão de dizer que eles nos dão o que queremos (isto é, diversão ou entretenimento), mas de considerar que tipo de satisfação alucinatória eles fornecem em resposta a que tipos de proibições, interrupções e frustrações culturais.

A segunda afirmação deixa esse ponto claro. O jogo é a realização disfarçada de um desejo, o que significa que não é o jogo que queremos, mas outra coisa. Um clichê freudiano pode argumentar que o enredo e a

---

[36] Sigmund Freud, "The Censorship of Dreams", in: James Strachey (org.), *The Standard Edition of the Complete Psychological Works of Sigmund Freud*, v. 15, Londres: Vintage, 2001, p. 136.

jogabilidade de cada jogo são divertidos como uma satisfação disfarçada de um desejo mais instintivo por sexo, e muitos jogos certamente confirmariam isso. Um exemplo claro seria a série *Dead or Alive* (1996-hoje), programa que simplesmente exibe uma série de jovens mulheres japonesas disfarçadas apenas de simulador de luta. Anita Sarkeesian, YouTuber bem conhecida da maioria dos gamers, tem explorado de forma consistente o incrível número de representações apelativas de mulheres que são encontradas em quase todos os games importantes, mostrando em seu canal Feminist Frequency que essas imagens estimulantes quase sempre são apresentadas como material suplementar insignificante diante da ação principal dos games. Toda a jogabilidade pode ser vista como substituto para esse desejo mais instintivo, e o argumento pode ser estendido a todos os jogos, uma vez que a frustração ou deslocamento do impulso sexual parece não muito longe nem mesmo da trituração em *Candy Crush*.

No entanto, a terceira afirmação acima, de que os sonhos são a realização disfarçada de um desejo reprimido, invalida esse argumento simplificado. O desejo sexual heteronormativo por mulheres eletrônicas objetificadas está longe de ser um desejo reprimido. É, pelo contrário, algo que a maioria dos homens fica mais do que confortável em enfrentar. Quais desejos, então, são esses prazeres (tanto das imagens quanto da jogabilidade) para serem vistos como versões reprimidas distorcidas ou substituições? É sabido que Freud não "inventou" o conceito de inconsciente, mas sua concepção partiu significativamente de outras ideias. Enquanto outros teóricos do inconsciente o viam como um espaço para os motores subjacentes que nos impulsionam, Freud deixou claro que o inconsciente deveria ser visto, por definição, como incognoscível e necessariamente resistente à articulação consciente. Assim, uma vez que um desejo é identificado e designado, ele não está mais ou nunca esteve no reino do inconsciente. Contudo, isso não quer dizer que o inconsciente não deva ser interpretado. A quarta e última afirmação, que diz que os sonhos são a realização disfarçada de um desejo *infantil* reprimido, precisa ser qualificada nesses termos. Infantil não precisa ser pensado como instintivo, com suas associações com o natural, mas como um desejo fundacional ou formativo. É mais *pulsão* do que instinto, distinção feita por Jacques Lacan: "A pulsão lhes dá um chute na bunda, meus amigos — bastante diferente do chamado instinto. É assim que o ensino psicanalítico é transmitido"[37].

As pulsões nos movem para frente, empurrando-nos como se viessem de dentro, mas não se originam aí. Em outras palavras, embora nossos instintos (na medida em que existam) até certo ponto nos pertençam, nossos impulsos certamente não. Como uma decisão tomada dentro do mundo virtual dos sonhos, recebemos um chute na bunda, mas, mesmo assim, sentimos uma diretriz instintiva nos guiando nas direções em que nos movemos.

Com as implicações das quatro afirmações consideradas, o argumento de Freud precisa ir um passo

---

37 Jacques Lacan, *The Four Fundamental Concepts of Psychoanalysis: The Seminar of Jacques Lacan Book XI*, Londres: W. W. Norton, 1998, p. 49 (Ed. bras.: *O Seminário, livro 11: os quatro conceitos fundamentais da psicanálise*, Rio de Janeiro: Zahar, 1985).

além do que ele deu. Embora Freud possa argumentar que os sonhos são a realização disfarçada de um desejo infantil reprimido, no contexto dessa discussão o diagnóstico pode ser reformulado da seguinte maneira: os sonhos são disfarçados de realização de um desejo infantil reprimido. Embora o sonho seja o sonho de outro, ele se disfarça de realização do desejo interno ou instintivo do sujeito. Os sonhos nos dão um chute na bunda, vindos de fora como um empurrão, mas podem parecer impulsionados por instinto ou desejo interno. Na verdade, embora analistas posteriores tenham deixado de perceber, quando Freud usou o termo "infantil" para descrever "desejo", ele não se referia aos desejos instintivos. No caso do sujeito Professor R, por exemplo, ele observa que a realização de um dos "desejos infantis imortais" foi "o desejo megalomaníaco", que é inserido por fatores culturais[38]. Seria melhor conceber tais sonhos como ideologias cuidadosamente construídas de forma que se pareçam com impulsos internos.

Os videogames, então, na medida em que são a experiência do sonho de outra pessoa, podem ser uma forma única de diversão em que os desejos e vontades de outra pessoa são experimentados — talvez momentânea e inconscientemente — como os desejos e vontades do próprio jogador. É esse tipo peculiar de prazer, que pode ser ao mesmo tempo o mais ideologicamente perigoso e subversivo, que torna essas experiências centrais para nossas concepções de prazer num sentido

---

38 Sigmund Freud, "The Interpretation of Dreams", in: James Strachey (org.), *The Standard Edition of the Complete Psychological Works of Sigmund Freud*, v. 5, Londres: Vintage, 2001, p. 218.

mais amplo. Pensando primeiro no lado puramente ideológico dessa função, os games podem naturalizar a diversão do outro, forçando o jogador a sentir uma espécie de afinidade entre si mesmo e o papel que desempenha no jogo quando cai no estado de sonho do gamer. Frequentemente, isso não é tão simples quanto a identificação direta com um personagem jogável, e é uma conexão mais complexa entre o inconsciente do jogador e o inconsciente do jogo. Nesses momentos, o jogador sente cada vez mais suas emoções programadas pelos algoritmos do jogo. Nesse sentido, o desejo torna-se cada vez mais algorítmico, e os videogames têm papel fundamental nessa reorganização do desejo. Essa é uma preocupação significativa, considerando que aumentar a organização corporativa do espaço tecnológico significa aumentar o potencial para o controle corporativo do próprio desejo, como discutido acima.

Isso também pode ser entendido em termos do inconsciente. É claro que os jogos refletem sonhos, desejos e vontades inconscientes, mas também desempenham um papel na construção dessas suposições inconscientes. Até agora, isso não é nada diferente de outras formas de mídia. No entanto, os jogos têm um papel particular e mais único nessa construção: o de naturalizar os sonhos, desejos e vontades de um momento político, fazendo-nos vivenciar esses sonhos, desejos e vontades como nossos. Além disso, como foi sugerido, uma vez que os desejos e vontades de um momento político podem ser inconscientes para aquele próprio momento, os jogos têm a qualidade de poder prever e construir os sonhos do futuro.

Há duas maneiras como essa "desejorrevolução" corporativa poderia ser virada do avesso por meio do mesmo gozo ideológico dialético que a cria. Os padrões de diversão encontrados no mundo dos sonhos dos videogames tendem à aplicação de valores tradicionalistas e conservadores que apoiam os valores centrais do capitalismo contemporâneo ou os movem ainda mais para a direita política. Isso acontece menos pelo fato de que a estrutura dos videogames é inerentemente conservadora ou reacionária *per se* e mais porque o mundo dos sonhos é um reflexo e até mesmo uma antecipação das tendências políticas e sociais que estão por vir. No entanto, se os jogos têm a função de naturalizar formas de prazer ideológico, eles não poderiam fazer por uma agenda subversiva o que parecem ter feito pelos poderes corporativos e estatais? Poderíamos conceber um videogame que visasse reprogramar o desejo contra as tendências fascistas, corporativas e capitalistas dos videogames em geral, ou o único jogo "moralmente ético" seria aquele que desnaturaliza o desejo, mostrando que nossos desejos não são naturais, mas os desejos naturalizados do outro? Essa é uma questão sobre a política de subversão num sentido muito mais amplo, já que abraçar essa possibilidade envolveria a admissão de que é necessário não apenas desconstruir pressupostos ideológicos existentes, mas construir novos, operando conscientemente para manipular as emoções dos outros. Pode ser a hora de a esquerda aceitar essa necessidade.

Entretanto, mesmo sem o potencial de uma revolução subversiva radical nos games, a diversão ideológica encontrada nesses jogos ameaça virar do avesso e subverter a própria organização do desejo que eles simultaneamente realizam. Uma vez que os videogames podem naturalizar formas de gozo a serviço de forças ideológicas, eles também têm o potencial de tornar visível essa naturalização, desfazendo a ligação entre gozo e natureza e evidenciando a estrutura política da diversão. A experiência do desejo algorítmico só funciona porque não é experimentada como totalmente algorítmica. Por outro lado, tornar visível a estrutura algorítmica do desejo desfaz sua função ideológica. Se os videogames podem naturalizar os desejos programados, como explorado mais adiante, eles só podem fazer isso incitando o gamer a experimentar esses desejos como se fossem naturais. Esse tipo de reprogramação do desejo só pode funcionar em seus sujeitos se estes não perceberem o que está acontecendo e, em vez disso, permanecerem presos a uma ideia tradicional de desejo que não se relaciona com a política. Mesmo que "saibamos" que não há nada instintivo nos desejos e prazeres experimentados no jogo, é importante que esse prazer seja experimentado como se fosse instintivo. A "desejorrevolução" corporativa, por enquanto uma reorganização a serviço do Vale do Silício, funciona não apenas por meio da reprogramação algorítmica dos desejos, mas também por ocultar esse fato para que o desejo seja vivenciado como um momento encantador de anseio autêntico pelo objeto em questão. O reconhecimento da natureza programável do desejo — uma realização psicanalítica — perturba essa forma tradicional de ver o desejo que serve aos interesses corporativos, de modo que o jogo, em todo o seu conformismo, adquiriu o potencial de desfazer essa lógica por dentro.

Repetições e *dromena*

Um dos principais apelos dos games, desde os mais simples aplicativos para telefones celulares aos mais complexos jogos de console, são seus padrões repetitivos. Em certos casos, os jogos podem funcionar para encorajar a repetição no jogador, uma vez que os assuntos são facilmente controláveis quando seguem rotinas repetitivas como as discutidas na introdução. No entanto, em outros casos, a repetição serve para enraizar não apenas a compulsão de repetir, mas ideologias particulares. O capítulo anterior delineou algumas das tendências ideológicas e políticas encontradas dentro do mundo dos sonhos dos videogames, e a natureza repetitiva dos jogos pode ser uma forma de essas políticas serem enraizadas no jogador, quase sempre inconscientemente.

Essa função repetitiva dos videogames pode ser iluminada por uma velha ideia filosófica: a ideia de *dromena*. *Dromena* significa literalmente "coisas que permanecem funcionando", mas também deve ser entendido com sua implicação onomatopaica: coisas que zumbem indefinidamente, repetindo-se continuamente em ciclos sem fim[39]. Em seu livro sobre o papel do princípio do prazer na cultura contemporânea, Robert Pfaller dá o exemplo de crianças em idade escolar obrigadas a escrever repetidamente versos como "Não vou fazer bagunça durante a aula" como punição por agir assim. Depois de escrever o verso cerca de cem vezes, imagina-se, a ideia vai aderir de forma mais

---

39 A palavra grega *dromena* soa como *drone*, zumbido, em inglês. [N.T.]

inconsciente, e a criança não vai mais fazer bagunça na aula. Da mesma forma, clicar milhares de vezes num jogo de simulação de capitalismo como *Virtual Beggar* ou *Cookie Clicker* (PC, 2013) pode, inconscientemente, encorajar você a clicar com mais eficiência no computador de trabalho[40]. Assim como disparar um milhão de tiros a serviço da política externa estadunidense, não importa quais sejam suas objeções conscientes quando você não está no jogo, pode enraizar a ideologia em outro nível mais inconsciente, ou pelo menos é isso que diz o argumento típico.

Contudo, Pfaller também apresenta o caso mais interessante do reverso desse argumento: que "a repetição de símbolos também pode fazer que se tenha o mínimo possível a ver com esses símbolos e a situação que eles descrevem"[41]. Quando o símbolo é repetido tantas vezes, o sujeito é capaz de repeti-lo ou vê-lo repetido enquanto pensa em algo completamente diferente. Slavoj Žižek escreveu de forma semelhante que, enquanto passava por um processo de *dromena*, "a beleza disso é que em meu interior psicológico posso pensar no que quiser"[42]. O *insight* é particularmente pertinente para uma discussão sobre videogames, que também podem ser vistos claramente como uma espécie repetitiva de *dromenas*,

---

40 Se jogado por muito tempo, *Cookie Clicker* prevê o colapso do capitalismo por dentro, passando uma mensagem subversiva final que a maioria de seus jogadores nunca vê.

41 Robert Pfaller, *On the Pleasure Principle in Culture: Illusions Without Owners*, Londres: Verso, 2014, p. 177.

42 Slavoj Žižek, *The Sublime Object of Ideology*, Londres: Verso, 1989, p. 94.

com repetições cíclicas, nível após nível, sequência após sequência, que os jogadores optam por reencenar compulsivamente. Será esta exatamente a forma como os videogames atraem? Convidando o usuário a um processo de *dromena*, ele pode ir aonde quiser psicologicamente, e assim os jogos podem oferecer uma espécie de escapismo que vai além do oferecido até mesmo pelo livro ou filme mais envolvente.

Nem a ideia de que *dromenas* enraízam os símbolos pela repetição nem a alternativa de que nos livram da necessidade de pensar nesses símbolos parecem suficientes. Pelo contrário, é na relação entre essas duas ideias de *dromena* aparentemente opostas que uma terceira resposta mais satisfatória pode ser encontrada. É precisamente a sensação de liberdade que nos permite imaginar que em nossos interiores psicológicos podemos pensar no que quisermos que faz a ideologia ser efetivamente imposta pelos padrões repetitivos da experiência do game. É porque nos sentimos livres para permitir que nossos pensamentos vaguem enquanto jogamos que a ideologia do jogo nos pode ser imposta. Claro, o que pensamos "livremente" enquanto nossa mente se desvia de *dromenas* do jogo não é tão livre quanto pode parecer, de modo que não podemos realmente "ir aonde queremos" psicologicamente. Essa é outra característica compartilhada entre videogames e sonhos, sobretudo na concepção de sonhos de Walter Benjamin, em que a mente do sonhador vagueia como que livremente por ambientes criados pela política e pela ideologia.

Um exemplo simples e fantástico disso seria o jogo mais aparentemente inocente e apolítico de todos, o premiado *Flower* (PS3, 2009), assim como seu precursor *Flow* (PC, 2006) e sucessor *Journey* (PS4, 2012). Em *Flower*, o gamer joga como "o vento", movendo-se pelo ambiente natural e coletando lindas pétalas em infinitos ciclos *dromena*. Parece que o jogador está livre para deixar a mente vagar e, de fato, o jogo foi projetado para incentivar o relaxamento e a contemplação. Ainda assim, obviamente, *Flower* é cheio de ideologia, evocando a beleza do mundo natural, criando um fetichismo em relação ao ambiente pré-humano "não contaminado" e mostrando todos os tipos de resistência a qualquer forma de avanço tecnológico. Os desenvolvedores do game falaram da filosofia da empresa, dizendo terem trabalhado com base na premissa inicial de considerar que tipo de "emoção" desejam evocar nos jogadores, mostrando a capacidade e até mesmo a intenção direta dos jogos de fazer o jogador experimentar a emoção programada como se fosse dele. Nesse *dromena* do jogo, somos livres para vagar e deixar nossa mente vagar, mas ela vaga para algum lugar novo, um novo sonho ditado, pelo menos em parte, pelas estruturas *drométicas* do jogo das quais nos afastamos[43].

Em outras palavras, os jogos nos fazem pensar ao mesmo tempo que nos fazem sentir que somos livres para pensar como quisermos. Em vez de libertar a mente do jogador para ir aonde quiser, esse tipo

---

43 Depois de escrever esta seção, descobri que não fui o primeiro a discutir a relação entre o conceito filosófico de *dromena* e videogame. A conexão foi feita pela primeira vez por Alexander R. Galloway, que apresenta um argumento diferente usando o conceito. Cf. *Gaming: Essays on Algorithmic Culture*, Minnesota: University of Minnesota Press, 2006, pp. 19-25.

de *dromena*, pelo menos, e talvez todos os tipos, coloca você num estado de sonho no qual sua ideologia é imposta como natural. Talvez possamos tomar emprestado novamente o termo de Louis Althusser e dizer que o videogame interpela, chamando o sujeito para determinada posição de sujeito, mas, mais do que isso, insistindo simultaneamente que o sujeito sempre-já pertenceu a essa posição para responder ao chamado. Também poderíamos dizer que com os videogames realmente estamos no reino das emoções, e não no reino dos afetos. Isso seria o oposto de uma tendência geral e crítica nas discussões de videogame, que tende a focar na qualidade afetiva desse entretenimento. Ainda que as abordagens culturais e científicas se concentrem na capacidade afetiva de estimulação neuronal da tela do game, embora possa parecer assim do lado de fora, a maioria dos gamers não descreveria o próprio prazer ou investimento em jogos como basicamente afetivo. Freud prefere o termo *afeto* a emoção porque, embora o conceito de emoção tenha uma qualidade humanista e implique um sentimento que vem de dentro, os *afetos* são sensações percebidas na fronteira entre o corpo e o mundo exterior. Nos games, entretanto, podemos precisar reinstaurar o termo *emoção* e lembrar a distinção, uma vez que parece que os jogos funcionam mais para transformar afetos em emoções, levando o jogador a experimentar algo de fora como se fosse de dentro.

Imersão e *Westworld*

Isso indica a importância da imersão, que a evolução da realidade virtual ao longo dos próximos anos pretende tornar completa. Os jogos nunca tiveram dificuldade em ser imersivos, mas o desenvolvimento do PlayStation VR, por exemplo, lançado em outubro de 2016, trabalha significativamente para eliminar a lacuna entre – por exemplo – o personagem na tela e o jogador no sofá. No entanto, a imersão tem menos a ver com a conclusão do realismo perfeito do que parece. À luz do que foi apresentado neste livro até agora, a imersão tem menos a ver com a tentativa de fazer a experiência do game parecer tecnologicamente o mais próximo possível da realidade e mais com o gamer entrando no estado de sonho perfeito no qual o jogo pode ter o melhor efeito. Não é que as empresas de realidade virtual estejam cientes desse fato e busquem conscientemente alcançar isso para fazer avançar uma agenda ideológica, mas essa é a força motriz inconsciente dominante por trás da produção de RV. Edwin Montoya Zorrilla já mostrou que a empresa Within, de Chris Milk, que usa filmes de RV para evocar empatia e incentivar a caridade, pode estar fazendo uma boa ação, mas que tais táticas revelam mais sobre o perigoso poder da realidade virtual de incitar os participantes a querer fazer coisas[44].

O medo geral da realidade virtual imersiva está fundamentado na ideia de que o mundo virtual,

---

44 Edwin Montoya Zorrilla, "VR and the Empathy Machine", *in: Hong Kong Review of Books*. Disponível em: <https://hkrbooks.com/2016/12/05/hkrb-essays-vr-and-the-empathy-machine-2/>. Acesso em: jul. 2021.

quando se tornar quase indistinguível do real, será mais atraente do que a realidade, e as pessoas optarão por permanecer no jogo, talvez indefinidamente. O melhor resumo da situação é o de André Nusselder, que escreve:

> A fantasia-padrão sobre novos mundos abertos pelas tecnologias de computador os considera espaços onde todos os velhos limites podem ser transcendidos. A oferta para nos livrar do fardo da realidade. De uma perspectiva freudiana, esse aspecto da tecnologia que realiza os desejos funciona como as fantasias realizadas de uma alucinação.[45]

No entanto, como Nusselder continua a explorar, a implicação de que o ciberespaço nada mais é do que um mundo ilusório de aparências, uma versão falsa do que realmente queremos, é inadequada e simplifica demais a distinção entre ilusão e realidade. Esse é, de fato, um argumento que permeia as abordagens teóricas e cotidianas tanto dos estudos de videogame quanto da psicanálise. Tanto os acadêmicos quanto os comentaristas gerais normalmente observam que os jogos permitem ou simulam a realização de impulsos e desejos básicos compartilhados por todos os humanos. A psicanálise também foi lida e usada dessa maneira, com o desejo de gratificação instantânea e o desejo da mãe (para tomar dois exemplos) muitas vezes tidos como fantasias "humanas" trans-históricas,

---

45 André Nusselder, *Interface Fantasy: A Lacanian Cyborg Ontology*, Cambridge: MIT Press, 2009, p. 11.

componentes da própria condição humana. A realidade virtual, presumimos, nos permite realizar, ainda que numa fantasia, essas motivações humanas universais compartilhadas.

Westworld (2016), a série pop-freudiana de Jonathan Nolan na HBO, mostra isso. A premissa do programa, *remake* do filme de 1972 de Michael Crichton, é que uma corporação tecnológica cria um mundo de realidade virtual totalmente imersivo cheio de robôs que são aparentemente indistinguíveis dos humanos. Esse mundo recebe um cenário do Velho Oeste e funciona mais ou menos diretamente como uma tela de projeção para os desejos básicos aparentemente compartilhados por todos os humanos. No Parque Temático Westworld, os hóspedes pagantes são livres para assassinar, estuprar e executar sadicamente qualquer desejo que possam ter sobre os robôs, sem medo de repercussão, mas ao mesmo tempo totalmente imersos nos possíveis perigos desses atos durante a ilusão do "jogo".

O que é interessante na série é que o desejo se mostra mais complexo do que a corporação supõe, e um grande número de convidados descobre que eles têm uma relação estranha com o que a empresa considera ser um desejo trans-histórico compartilhado por todos os humanos. Alguns personagens recusam a lógica da corporação, dizendo que eles não compartilham esses impulsos humanos aparentemente universais com outros "jogadores". Eles argumentam, em vez disso, que seu próprio desejo é fundamentalmente mais complexo e talvez mais refinado ou histórico, não redutível a modelos trans-históricos básicos do impulso humano básico. No entanto, as coisas não ficam interessantes até que esses mesmos personagens que defendem a ideia do desejo como histórico e irredutível ao instinto universal básico começam a desfrutar daquilo que originalmente rejeitaram, escorregando para as ações violentas e sexuais estimuladas pelo jogo. A leitura típica disso, é claro, seria que a série endossa a ideia de que não importa quão culturalmente refinados pensemos que nossos desejos possam ser, no fundo somos todos os mesmos seres primitivos. Mesmo assim, *Westworld* passa além dessa interpretação e mostra que a experiência de estar no parque não revela tanto quem os jogadores realmente são, mas muda quem eles são e como desejam.

Em seu popular romance distópico de 2012, *Ready Player One*, Ernest Cline cria um mundo no qual "a maior parte da raça humana agora passa todo o tempo livre dentro de um videogame" que transforma "entretenimento, redes sociais e até mesmo política global"[46]. Ele apresenta duas maneiras diferentes de ver o "OASIS", que é um espaço hiperbólico de games *online* que combina jogos *multiplayer* massivos com mídias sociais, em que todos vivem como avatar. O protagonista do livro acredita que a experiência do OASIS é libertadora porque lá as aparências não importam e "existimos aqui como personalidades cruas", assim como a corporação vê o Parque Temático Westworld. O outro personagem central discorda, reproduzindo a descrição mais padrão da mídia social: "tudo das nossas *personas online* é filtrado... o que permite controlar como parecemos e como soamos para os outros. O OASIS permite que você seja quem

---

46 Ernest Cline, *Ready Player One*, Londres: Arrow Books, 2012, pp. 57 e 60 (Ed. bras.: *Jogador nº 1*, Rio de Janeiro: LeYa, 2012).

você deseja ser. É por isso que todo mundo é tão viciado nisso"[47]. Esses pontos de vista são clichês sobre mídias sociais e videogames, e ambos se baseiam na ideia de que o mundo dos sonhos é um espaço para a realização de desejos sem reconhecer o poder do espaço para transformar o próprio desejo. *Westworld*, por outro lado, nos confronta exatamente com isso, mostrando que a função principal do espaço tecnológico virtual não é nos deixar ser quem queremos ser nem nos dar o que queremos, mas mudar o que e como desejamos.

A psicanálise ensina que o desejo é sempre o desejo do outro. Isso significa não apenas o desejo *pelo* outro (ou seja, anseio pelo robô atraente no Parque Temático Westworld), mas o desejo que é acionado pelo desejo do outro. Não basta dizer que queremos ser desejados, o que é uma abstração da psicanálise que se tornou um discurso comum. Na verdade, o que desejamos é querer como o outro quer. O próprio desejo tem qualidade imitativa, de modo que não há desejo original e certamente nenhum impulso trans-histórico. A psicanálise apresenta, então, o argumento oposto ao geralmente atribuído a ela, afirmando que quaisquer desejos compartilhados ou comparáveis que possamos ter se originam não de um impulso humano instintivo, mas de uma tentativa de imitação muito mais estranha. Apresentado para nós por *Westworld*, aqui está então o incrível poder da ideologia do desejo trans-histórico. Ao construir um outro que deseja como tal — a imagem de um sujeito trans-histórico apresentado (por aqueles com interesses corporativos)

---

[47] *Ibidem*, p. 171.

como universal –, torna-se possível colocar em ação um desejo que opera numa relação imitativa com essa imagem de um ser humano universalmente desejante, com toda a sua barbárie e instinto sexual patriarcal. A imagem de um outro que deseja dessa maneira aparentemente primitiva é suficiente para criar a possibilidade de o sujeito desejar como esse outro deseja, não porque todos os sujeitos tenham tais desejos, mas porque o desejo é imitativo.

Essa percepção é significativa para a teoria do videogame. Quando os pais trancam as cópias de *Grand Theft Auto* ou *Hotline Miami* (PC, 2012) e *Not a Hero* (PS4, 2015), não mantêm os filhos civilizados tanto quanto ajudam a construí-los como sujeitos cheios de desejos incivilizados. As duas posições sobre o impacto de tais jogos no estilo *Grand Theft Auto* são: (a) que os jovens replicarão o que vivenciam nos jogos, provocando violência; e (b) que os videogames fornecem uma saída segura para essas pulsões perigosas, evitando a violência. Na verdade, uma terceira posição, que não pressupõe a pré-existência de tais impulsos, é necessária para ver como tais games e os pressupostos que os acompanham funcionam para construir novos sujeitos com novos desejos. A ideia de longa data de que os videogames apelam para essas configurações trans-históricas básicas do desejo produz um "outro" imaginado que deseja enquanto tal e convida o jogador a desejar nesses termos. Assim, os videogames não refletem o que queremos no fundo, mas constroem "outros" cujos desejos imitamos.

Assim, em vez de apelar para desejos universais, os videogames podem programar o usuário para desejar de uma forma universal. Ao mesmo tempo, eles podem ameaçar a lógica que vê os humanos como organismos que desejam universalmente. Se o gamer percebe que experimenta não o seu desejo "próprio" mas o desejo do outro, a conexão aparentemente natural entre desejo e subjetividade é conceitualmente ameaçada, mostrando o desejo nem como universal nem como único, mas construído politicamente como tal. Assim, um tipo particular de "empatia" simulada é possível por meio dos videogames. Não se trata de uma empatia que pressupõe a compreensão do outro e apaga a diferença ao implicar afinidade – uma empatia contra a qual Jacques Derrida advertiu –, mas, sim, de uma simulação da diversão do outro que torna visível tanto a estrutura do prazer do outro quanto a estrutura do próprio sujeito.

FASE 3 _ *Jogos retrô: a política dos prazeres passados e futuros*

> Somos ciborgues. O ciborgue é nossa ontologia;
> nos dá nossa política.
>
> Donna Haraway

O principal projeto de Lacan era explorar a diversão em vez do prazer ou do desejo. Para ele, a diversão era aquilo que o estruturalismo e outros modelos existentes de filosofia haviam mais consistentemente falhado em explicar. Embora a importância da diversão dificilmente possa ser superestimada cultural, social e politicamente, a filosofia parece nunca compreender suas funções de maneira adequada. Falando sobre a diversão dos jogos, Bogost explica o rendimento do prazer derivado deles, sugerindo que, em alguns casos, o jogo pode replicar outras formas "mais antigas" de diversão. Ele compara, por exemplo, a satisfação de *Flappy Bird* com o prazer de consertar um armário de banheiro. Essa é uma posição que corre o risco de negligenciar a revolução na diversão que foi anunciada pelos avanços no entretenimento tecnológico e cair no lado da consistência na diversão humana. Apesar disso, a interpretação nos dá uma pista sobre a forma como se desfruta muito do entretenimento tecnológico: aparentemente recuperando diversões perdidas. Isso torna o jogo uma importante interseção entre o passado e o presente.

Jogos racionais nos anos 1990

Jogos retrô são a forma mais óbvia de jogo cujos prazeres são encontrados diretamente no desejo de recuperar os prazeres de outrora. Como o apelo de um amante do passado a um solteiro envelhecido, os jogos de nossa juventude nos atraem nostalgicamente de maneiras estranhas. Falando de tecnologia retrô, Grafton Tanner argumentou que, embora a tecnologia moderna seja onipresente e suave, a tecnologia nas décadas de 1980 e 1990 era incrivelmente perturbadora[48]. Ele evoca o conceito de "o estranho" para descrever as máquinas com mau funcionamento e mau desempenho do passado. Um ponto mais subversivo seria dizer que a tecnologia anterior só *agora* é considerada estranha e que essa estranheza é uma evidência de nossas novas subjetividades ciborgues. Para que algo seja experimentado como estranho no sentido propriamente psicanalítico, deve haver uma relação especial com a formação do sujeito que experimenta a sensação. Para Freud, o sentimento do estranho surge quando um processo fundacional que constrói a subjetividade (reprimido pela ideia de que a subjetividade é natural) vem à luz. Como tal, se falhas na maquinaria nos parecem estranhas, é porque nos lembram nossas subjetividades maquínicas anteriores, da maquinaria do protótipo de algo que agora funciona tão bem e é tão onipresente que parece ser uma parte natural e inevitável de nossa consciência. Em termos simples, a ideia é que só porque somos máquinas é que as máquinas podem ser estranhas, e não porque as máquinas são como os humanos (o que é simplesmente "estranho").

No entanto, jogar um jogo antigo raramente é estranho. Ao contrário, alguns jogos parecem perder

---

[48] Grafton Tanner, *Babbling Corpse: Vaporwave and the Commodification of Ghosts*, Winchester/Washington: Zero Books, 2017, pp. 1-13.

sua estranheza com o tempo, à medida que o realismo capitalista suaviza suas inconsistências. Um exemplo disso é o *SkiFree*. Depois de quase 25 anos enterrado na lixeira de nosso inconsciente, o clássico do Windows de 1991 voltou em 2015, mas a experiência de jogar esse jogo subversivo do início dos anos 1990 mudou fundamentalmente. Em 1992, quando foi lançado como parte do Microsoft Entertainment Pack para Windows 3.1, *SkiFree* se destacou como totalmente anacrônico. Para dar algum contexto, o Microsoft Entertainment Pack era bem conhecido por jogos como *Campo Minado*, *WinRisk* e *Paciência*. Cada um deles exigia um trabalho mental ativo e desafiador por parte do participante. *Campo Minado* era o *Sudoku* do passado, *WinRisk* era derivado do jogo de estratégia *War*[49], e *Paciência* é um jogo de cartas de baralho notoriamente desgastante com o mesmo nome. Cada um deles exemplifica a demanda por um uso construtivo do tempo de lazer destinado a enriquecer a mente, cultivar as faculdades críticas e, finalmente, ajudar o sujeito a se tornar um cidadão útil. O Windows 3.1 era um bastião de jogos semieducacionais "úteis" e aparentemente "interessantes" que iam de *Chessnet* a *Election '92*, mas *SkiFree* era a alternativa subversiva a essas tendências.

A premissa de *SkiFree* é que o jogador persegue outros esquiadores enquanto colide com os bondinhos, matando animais, saltando sobre árvores e colocando fogo em coisas. Não há objetivo nem maneira de vencer o jogo. Em vez disso, o jogador é comido por

---

49 O jogo de tabuleiro norte-americano *Risk* se transformou, no Brasil, no jogo *War*. [N.T.]

um icônico abominável homem das neves após vários minutos de jogo, independentemente de suas ações. Os jogadores mais experimentais e experientes devem lembrar que, se o jogador ultrapassasse os limites do jogo, sua realidade se tornaria confusa: certas árvores se moveriam e cresceriam (se observadas com atenção) e (se o jogador esquiasse para trás sobre certos tocos de árvore) elas poderiam se transformar em cogumelos. Se o jogador deliberadamente usasse os esquis para matar muitos cães, a neve começaria a ganhar manchas amarelas. As "falhas" foram embutidas no jogo como parte deliberada de sua lógica, a fim de revelar quão suave o resto do sistema do computador estava tentando ser. A "falha" deliberada apontou para o poder da falha real, que revelou que os componentes do Windows 3.1, de planilhas a jogos, tentavam ser coerentes em direção a um tipo específico de produtividade.

SkiFree zombava da ideia de gasto de tempo útil e nos pedia para mergulhar numa perda de tempo louca sem um "objetivo" final à vista. Como resultado, tinha uma premissa subversiva em que o prazer derivado do jogo não era mensurável, ninguém ganhava jogando (nem o usuário nem seu chefe) e nenhuma melhoria pessoal ocorria. Não era um prazer capitalista, mas uma perturbadora *jouissance* (como veremos mais adiante). Nem mesmo Chris Pirih, o criador do jogo, ganhou dinheiro com ele. *SkiFree* era o ovo podre se recusando a "trabalhar", minando tudo o que o Windows parecia representar, incitando-nos a clicar nele e rejeitar o Microsoft Office e seu exército de "jogos" produtivos. Cerca de 25 anos depois, em janeiro de 2016, quando o Windows 3.x Showcase foi lançado, tornando *SkiFree* disponível de novo, em uma semana o jogo se tornou o item mais popular no *site*, que tinha dezenas de milhares de outros jogos. O reaparecimento de *SkiFree*, porém, dentro do contexto desta era de distração em massa discutido no capítulo 1, é dificilmente qualificado como subversivo. Agora, ele incorpora a diversão "inútil", "recreativa" e aparentemente "desperdiçadora" que se tornou racional e útil, um tipo de diversão que complementa perfeitamente e aumenta a agenda da produtividade capitalista. O capitalismo ficou mais esperto em tapar suas rachaduras.

Nesse exemplo, a diversão perdida não pode ser recuperada porque o significado depende muito do contexto tecnológico do gamer. Na verdade, o jogo retrô, no sentido de jogar uma velha máquina de *arcade Space Invaders*, é relativamente impopular e pertence mais ao *éthos* da nostalgia direta, mas o que é altamente popular são retrabalhos modernos de jogos antigos que agora funcionam sem problemas e novos jogos que nostalgicamente incorporam recursos de tecnologias anteriores. Exemplos importantes incluem *Undertale* (PC, 2015) e *To the Moon* (PC, 2001), mas o exemplo mais indicativo é o "romance visual" *Emily Is Away* (PC, 2015). Ambientado em 2002, o jogo é uma simulação de *chat online* que dura quatro anos numa escola de segundo grau norte-americana. Ele reencarna os "simuladores de namoro" populares no final dos anos 1990. O jogador paquera a protagonista Emily, discute a relação tempestuosa que ela teve com um interesse amoroso de longa data e finalmente perde contato com a garota conforme ela segue em frente com a própria vida e deixa de responder. O jogo foi desenvolvido para replicar os desejos do passado, recuperando o prazer perdido do adolescente numa sala de *chat*. Essa é uma experiência estranha tanto de maneira óbvia quanto complexa. Ao voltarmos do adolescente *millenial* à *persona* adulta, ele funciona como uma lembrança de seu antigo e reprimido eu, ao mesmo tempo profundamente agradável e perturbadora. Mais importante ainda, como exemplo dos ciborgues de 2017, é um lembrete das tecnologias nas quais as subjetividades se baseiam. Nesse sentido, a estranheza é uma teoria da tecnologia.

Como a situação contemporânea é tal que nenhuma forma de prazer desaparece, o mundo descrito por Mark Fisher parece mais verdadeiro do que nunca: "em condições de *recall* digital, a própria perda se perde"[50]. No entanto, se na era digital a perda em si assume a qualidade peculiar de estar perdida, então a nostalgia digital pode funcionar não por redescobrir algo perdido, mas por devolver a própria perda para nós. Se os jogos nos mostram o prazer gerado pelo retorno ao tema da própria perda, eles também podem operar como uma crítica de como a nostalgia funciona politicamente. Ao mostrar que ela não é um anseio por políticas passadas específicas (serenidade nacional/natural, por exemplo), mas um afeto do presente que pode aproveitar a perda da perda para afirmar uma agenda política, tais experiências avisam os jogadores para serem críticos da nostalgia política.

---

50 Mark Fisher, *Ghosts of My Life: Writings on Depression, Hauntology and Lost Futures*, Winchester/Washington: Zero Books, 2014, p. 2.

Realidade/virtual

A mesma década que racionalizou e organizou os jogos a serviço do trabalho também trouxe os jogos mais filosóficos e bizarros até hoje, não apenas como distrações momentâneas, mas como investigações sustentadas sobre a relação emergente entre a realidade e o virtual. Em 1993, a Nintendo lançou a obra-prima de Takashi Tezuka, o mais estranho game da série Zelda, *Link's Awakening* (GB). Tezuka e sua equipe trabalharam fora do horário de expediente, sem autorização oficial da Nintendo e produziram uma narrativa subversiva única sobre games. A revista *Electronic Gaming Monthly* chamou *Link's Awakening* de "o melhor jogo de Game Boy de todos os tempos, uma aventura tão cativante e épica que podemos até perdoar a coisa toda por ser um daqueles falsos 'É tudo um sonho!'"[51]. Essa é uma forma típica de negligenciar a complexidade das narrativas de jogos, que, desde muito antes da década de 1990, são muito mais complexas do que cópias de narrativas de filmes-clichê. A principal inspiração de Tezuka foi o seriado *Twin Peaks* de David Lynch, e o jogo se preocupa de forma consciente com o efeito das tecnologias emergentes de jogos imersivos nas concepções de sonhos e realidade.

O jogo contém participações especiais imprevisíveis de personagens que pertencem a fronteiras de

---

[51] Michael McWhertor, "Which Legend of Zelda Game Was Inspired by Twin Peaks?". Disponível em: <http://kotaku.com/5457701/which-legend-of-zelda-game-was-inspired-by-twin-peaks>. Acesso em: jul. 2021.

outros videogames. Isso inclui Yoshi e Kirby, bem como o menos conhecido Dr. Wright de *SimCity* (PC, 1989) e personagens do jogo existencial japonês *Kaeru no Tame ni Kane wa Naru* (GB, 1992), cuja estrutura de jogo foi usada para construir *Link's Awakening*. Isso obriga o gamer a enfrentar a possibilidade de cruzar fronteiras imaginárias, uma vez que estava familiarizado com esses outros personagens, que viviam separados em seus jogos como numa espécie de realismo com limites garantidos. Encontrar personagens de fora quebrava esse realismo. Não foi experimentado como paródia, como seria em exemplos comparáveis de personagens especiais em filmes, mas como um lembrete estranho de que os limites da percepção do jogador são sustentados apenas pelos *designers* de games encarregados de mantê-los no lugar.

Tais momentos são uma definição melhor de "estranho" do que a mais tradicional dada na seção anterior. Em vez do "retorno do reprimido", que valida uma metáfora espacial da subjetividade que projeta os humanos como aqueles que "enterram" aspectos de si mesmos apenas para ver esses elementos "ressurgirem" em outras formas, o estranho deve ser visto como nada mais que a troca de um objeto de um registro linguístico para outro. A revolução lacaniana na psicanálise insistiu em que a repressão tem a ver com a linguagem e envolve colocar algo numa narrativa a fim de dar sentido a ela e controlá-la. Jean-Luc Nancy escreve que o inconsciente "não é de forma alguma outra consciência ou uma consciência negativa, mas apenas o próprio mundo", a totalidade da significância[52]. É nesse sentido preciso que o ciberespaço é um mundo de sonhos, uma vez que conecta o usuário não ao seu inconsciente interno, mas ao inconsciente-como-o-mundo. Banir algo para o inconsciente não significa enterrá-lo *profundamente*, mas excluí-lo da "realidade" de uma dada narrativa ou momento. Quando Yoshi aparece ao lado de Link, produz-se uma sensação de estranheza, assim como quando os sonhos com uma amante são interrompidos por imagens da própria mãe. Não é que o verdadeiro desejo pela mãe tenha sido enterrado e acidentalmente tenha vindo à tona, como sustentavam as leituras tradicionais de Freud, mas que a imagem da mãe pertence a um registro diferente da imagem da amante, devido à organização da subjetividade por meio da linguagem. Manutenção semelhante de registros linguísticos distintos mantém a distinção entre realidade e sonho e entre inteligência e inteligência artificial, todas as quais se tornam estranhas quando a fronteira do registro é ameaçada.

Nesse sentido, a verdadeira qualidade subversiva de *Link's Awakening* aparece através do enredo. A história se passa não em Hyrule (a terra imaginária em que os jogos Zelda são ambientados), mas dentro do sonho de Wind Fish — uma criatura gigante adormecida. A missão do jogador é despertar essa criatura do sono prolongado e enviar todos de volta à realidade. Link — imagina o jogador — retornaria a Hyrule, enquanto o jogador retornaria ao mundo

---

52 Jean-Luc Nancy, *The Sense of the World*, Minneapolis: University of Minnesota Press, 1997, p. 47 (Ed. bras.: *Arquivida: do senciente e do sentido*, São Paulo: Iluminuras, 2015).

"real". A reviravolta vem no meio da história, quando os personagens começam a perceber que o jogador está trabalhando para quebrar a realidade da qual dependem suas vidas e as de suas famílias. Quando derrotados, os chefões do fim da fase imploram para que sua realidade não seja destruída: "Por que você veio para cá? Se não fosse por você, nada teria que mudar! Você não pode acordar Wind Fish! Lembre-se, você também está no sonho...".

Link se depara com o famoso problema que Neo enfrentaria no filme *Matrix* cerca de seis anos depois: tome a pílula vermelha (acorde Wind Fish) e aceite a dolorosa verdade da realidade ou tome a pílula azul (deixe-o adormecido) e permaneça na feliz ignorância da ilusão.

No entanto, *Link's Awakening* faz mais do que antecipar a ideia das irmãs Wachowski. Embora a "matriz" dependa de que as pessoas estejam inconscientes da ilusão em que vivem, esse não é o caso em *Link's Awakening*, em que os habitantes deixam continuamente claro que sabem que estão dentro da "matriz". Como diz um personagem: "Minha energia... se foi... eu... perdi! Mas você também estará perdido, se Wind Fish acordar! Assim como eu, você está no sonho dele".

Slavoj Žižek analisa a escolha apresentada a Neo em *Matrix* dizendo que nenhuma das opções é subversiva o suficiente:

> Eu quero uma terceira pílula. Então, qual é a terceira pílula? Definitivamente, não é algum tipo de pílula transcendental que possibilita uma experiência religiosa falsa e *fast-food*, mas uma pílula que me permite perceber não a realidade

por trás da ilusão, mas a realidade da própria ilusão.[53]

Žižek argumenta que a realidade não pode ser acessada ao contornar ilusões porque é sempre mediada pelas histórias que contamos sobre ela. Embora isso signifique que as ilusões são inevitáveis, não há razão para ignorarmos essa situação. Na verdade, a função da ideologia é insistir em que experimentemos nossas ilusões enquanto acreditamos que são realidade. *Link's Awakening* nos dá então a "terceira pílula" que Žižek pede. O jogo não é sobre uma escolha entre viver numa ilusão cega ou enfrentar a dura verdade, mas sobre reconhecer que as ilusões são necessárias para a produção da realidade. Os personagens no jogo podem não querer que seu mundo seja destruído, mas isso não é o mesmo que optar por permanecer dentro da "matriz". Em vez disso, há uma consciência da verdade das ilusões, de que não há realidade fora da ilusão, de que "não há nada além do mar", como o jogo nos diz.

Os games muitas vezes envolvem essa recusa psicanalítica temporária, com o gamer sabendo muito bem que está num mundo de ilusão e ainda assim experimentando o jogo como realidade com plena consciência disso. O trabalho de Fox Harrell — junto com Wark, discutido acima — é uma das poucas tentativas convincentes de explorar as qualidades potencialmente subversivas dos games. Falando de avatares *online*, por exemplo, Fox Harrell mostrou "o impacto das identidades virtuais nas identidades do

---

53 Slavoj Žižek, em *The Pervert's Guide to Cinema*, dirigido por Sophie Fiennes, UK: Mischief Films, 2006.

mundo real", identificando uma qualidade performativa nos jogos, em vez de considerar um fenômeno como o avatar um simples reflexo ou projeção[54]. Isso foi discutido muito antes num ensaio inovador de Bob Rehak no *Excitable Speech* de Judith Butler, que em 1997 profeticamente antecipa muitos desenvolvimentos em videogames que ocorreram depois de 2010. Lá, Rehak vê o avatar envolvendo uma estranha repetição do estágio do espelho de Lacan, separando o sujeito da imagem de si mesmo e provocando círculos intermináveis de ansiedade e reparação que têm um efeito concreto na subjetividade[55]. A relação entre a realidade e o virtual deve ser vista como dialética, de modo que os games são vistos como se alterassem nossas relações com a realidade tanto quanto são embasados nela ou reflexos dela. Ao mesmo tempo, podem ser também uma experiência que confronta o jogador com essa constatação, mostrando quão interdependentes a realidade e o virtual podem ser. Tal constatação torna evidente que escapar do virtual em favor da realidade é uma impossibilidade, reforçando a necessidade de subversão dentro da tecnologia e no mundo virtual em lugar da tecnofobia.

---

[54] D. Fox Harrell e Sneha Veeragoudar Harrell, "Imagination, Computation, and Self-Expression: Situated Character and Avatar Mediated Identity", *Leonardo Electronic Almanac: After Media: Embodiment and Context*, 2012, v. 17, n. 2, p. 89. O principal livro de Fox Harrell sobre o tema é *Phantasmal Media: An Approach to Imagination, Computation, and Expression*, Cambridge: MIT Press, 2013.

[55] Bob Rehak, "Playing at Being: Psychoanalysis and the Avatar", in: Judith Butler (org.), *Excitable Speech: A Politics of the Performative*, Londres: Routledge, 2013, pp. 105-7.

Sujeito, objeto, diversão

Argumenta-se acima que a diversão de jogar videogame se encontra no prazer gerado pela experiência da diversão alheia. Na maioria dos casos, a diversão desse outro é apresentada como empolgante e idealizada, daí a concepção geral de que os games permitem que os funcionários de escritório experimentem a adrenalina dos super-heróis. Contudo, o prazer gerado pela experiência da diversão alheia funciona independentemente de o outro estar fazendo algo excitante ou não. No que diz respeito a tornar visível esse estranho prazer, um lugar genuinamente subversivo do mundo dos sonhos do videogame é o *"thriller* documental distópico" *Papers, Please* (2013), jogo premiado para PC, iOS e PS Vita projetado por Lucas Pope.

Nele, o gamer joga como um oficial de imigração que trabalha num posto de controle de fronteira para uma nação fictícia do Leste Europeu, com uma política externa rígida e relações hostis com os vizinhos. O personagem do gamer tem esposa, filho e outros dependentes, que adoecem rapidamente e morrem se o usuário não levar dinheiro suficiente para casa no final de cada jornada de trabalho. O jogador deve aceitar ou resistir a subornos de células terroristas, decidir se ajuda imigrantes ameaçados que precisam de asilo cujas necessidades são oficialmente rejeitadas pelo governo e considerar se atira contra, prende ou se junta a uma série de diferentes forças que tentam quebrar ou subverter a ordem governamental. A história envolve o jogador e o obriga a encarar a difícil tomada de decisão enfrentada por quem está nessas situações. O jogador deve escolher entre cumprir a lei e manter a família viva e entre infringir a lei ou enviar refugiados para a morte. A subversão mais organizada, como o envolvimento com anarquistas, pode ajudar a conter o governo opressor, mas pode colocar a família em risco, ao passo que aceitar subornos de funcionários do governo pode ajudar a pagar a conta do gás, mas causa mais sofrimento aos cidadãos desfavorecidos. *Papers, Please* é um jogo palpavelmente ético, pelo menos na medida em que força o jogador a refletir sobre algumas das questões envolvidas no controle de fronteiras, imigração e a experiência cotidiana de trabalhar como funcionário do governo: a revista *The New Yorker*, por exemplo, observou que o jogo pode "mudar sua atitude" no aeroporto[56]. No entanto, a qualidade mais subversiva de *Papers, Please* pode ser encontrada em outro lugar.

Quando um ex-trabalhador da imigração aparece com os papéis errados e não consegue entrar (se o usuário selecionar essa opção), ele comenta que agora "sabe o que é estar do outro lado" e apela para o gamer alegando que é preciso ter empatia por um homem que anteriormente ocupou sua própria posição de oficial de imigração. O ex-funcionário, contudo, fala menos de empatia e mais de sadismo e masoquismo, acusando o jogador de gostar de usar o carimbo de extradição. Também há prazer para o trabalhador, não apenas na ironia de um oficial de controle de fronteira não conseguir cruzar a fronteira, mas porque a posição de estar sujeito à lei parece quase tão agradável quanto

---

[56] Simon Parkin, "The Best Videogames of 2013". Disponível em: <http://www.newyorker.com/tech/elements/the-best-video-games-of-2013>. Acesso em: jul. 2021.

a posição de aplicá-la. Para Freud, "sadismo e masoquismo ocupam uma posição especial entre as perversões" porque envolvem o prazer oscilante de passar da "atividade à passividade", um movimento no centro da vida sexual e prazerosa[57]. Em outro lugar, Freud faz comentário similar escrevendo sobre brincadeiras de rua: "À medida que a criança passa da passividade da experiência [vivida] para a atividade do jogo, ela passa a experiência desagradável para um de seus companheiros e, dessa forma, se vinga de um substituto"[58].

A derrota e a passividade no local de trabalho podem ser "vingadas" em companheiros dos jogos *multiplayers* e até, por meio de deslocamento, na inteligência artificial do computador, levando o sujeito passivo e insatisfeito do trabalho a evitar confrontar a própria passividade na experiência vivida, substituindo-a por uma atividade ilusória e pelo sucesso no videogame. Ainda assim, *Papers, Please* questiona mais do que isso, mostrando como o prazer pode ser encontrado na oscilação entre ativo e passivo. Muitos jogos falam do desejo por essa oscilação sadomasoquista, em especial o gênero "horror de sobrevivência", recentemente popular, cujos jogos mais importantes talvez sejam *Outlast* (PC, PS4, 2015), *Until Dawn* (PS4, 2015) e *Until Dawn: Rush of Blood* (PSVR, 2016). Nesses jogos, que formavam o gênero dominante nos

---

57 Sigmund Freud, "The Sexual Aberrations", *in*: James Strachey (org.), *The Standard Edition of the Complete Psychological Works of Sigmund Freud*, v. 7, Londres: Vintage, 2001, p. 159.

58 Idem, "Beyond the Pleasure Principle", *in*: James Strachey (org.), *The Standard Edition of the Complete Psychological Works of Sigmund Freud*, v. 18, Londres: Vintage, 2001, p. 17.

primeiros dias do PlayStation VR (ver, por exemplo, *Kitchen*, 2016, e *Resident Evil: Biohazard*, 2017), o jogador geralmente fica sem armas e passivo, incapaz de fazer qualquer coisa, exceto correr e se esconder, revertendo o prazer tradicionalmente ativo de jogar.

Esse encontro com um ex-colega em *Papers, Please* confronta o jogador com a percepção de que a maior parte do seu próprio prazer não veio da pequena subversão dos regulamentos do governo autoritário e do severo emprego das leis de imigração, mas da imposição regular e diária da lei para o outro. Além disso, confronta o jogador com a percepção de que seu próprio prazer também é encontrado na imitação temporária do outro. Também confronta o jogador com a percepção de que os jogos podem ser prazerosos porque simulam a aplicação da lei. Se a visão típica de tal prazer situa a diversão no fato de que os policiais têm uma vida emocionante, esse jogo revela que o prazer não vem de uma batalha emocionante contra os bandidos, mas da aplicação da lei como tal, não importa quão mundana e burocrática. Pode mostrar um ponto lacaniano de que um prazer perverso deriva da imposição da letra da lei, mas também retrocede em virtude de ser uma simulação de tal prazer, forçando o reconhecimento. Mostra que esse tipo de prazer pode ter raízes na cópia do prazer do outro, do ex-oficial de imigração, do último jogador, da própria lei.

Em casos opostos, mais comumente em jogos AAA com grandes financiamentos[59], o subversivo é apre-

---

59 O termo AAA ou "triple A" designa os games que têm mais investimento das principais desenvolvedoras de jogos do mundo. São o equivalente dos games aos *blockbusters* no cinema. [N.T.]

sentado como a figura cuja diversão o gamer é convidado a experimentar. *Watch Dogs* (PS4, 2014-hoje) é o exemplo mais proeminente disso. Sua narrativa celebra indivíduos subversivos como Edward Snowden e Julian Assange, pedindo ao jogador que idealize não o prazer de oficiais do exército dos EUA (como, por exemplo, em *Call of Duty*) ou saqueadores misóginos do Oriente (como, por exemplo, em *Uncharted*), mas o "prazer" de *hackers* contra o sistema. Como tal, o jogo parece ostensivamente subversivo, assumindo uma posição clara contra o governo que aplica a lei e até mesmo "contra o capitalismo". Embora muitos jogos sejam baseados no prazer da criminalidade transgressiva, poucos se concentram em tais métodos organizados de subversão. Ao mesmo tempo, porém, a diversão derivada do jogo é estruturalmente comparável à de outros videogames que se identificam com a imposição da lei. *Papers, Please* é um jogo subversivo que convida o jogador a experimentar e refletir sobre o prazer conformista, enquanto *Watch Dogs* é um jogo conformista que convida o jogador a experimentar o prazer subversivo sem reflexão.

Tudo isso força o jogador a confrontar o fato de que a diversão pode não ter nenhuma conexão inerente com o objeto que está sendo desfrutado nem com a pessoa que o desfruta, tornando a categorização dos jogos (e dos livros, filmes etc.) em grupos subversivos e não subversivos completamente inútil. Em vez disso, a própria diversão deve ser vista como um terceiro objeto numa relação triangular com o leitor e o texto, o jogador e o jogo, o sujeito e o objeto. É inteiramente possível para o prazer subversivo conectar um texto conformista com um jogador conformista, e é igualmente provável que um subversivo confesso possa experimentar um prazer totalmente conformista ao se envolver com um texto que ele considera totalmente "radical". Os videogames, embora cada vez mais parte do discurso da próxima geração de subversivos em potencial, permanecem predominantemente no reino do conformismo, como argumentado acima. Como tal, essa é uma faceta importante de seu potencial subversivo. Enquanto a maioria dos produtores e a maioria dos jogadores abordam o jogo com atitudes conformistas ou apolíticas, a diversão produzida entre o sujeito e o jogo pode, no entanto, ser politicamente subversiva. Se esse potencial subversivo do mundo dos sonhos puder ser aproveitado, ele poderá ser usado para atingir um público amplo e, muitas vezes, não receptivo inicialmente.

Jouissance nas galerias

Talvez essa experiência fosse mais bem conceituada em relação à distinção lacaniana apropriada entre diversão (*jouissance*) e prazer (*plaisir*). É tentador ver o prazer como a menos definida e talvez a mais preocupante das duas palavras, uma vez que geralmente é aplicada a atos instintivos e sexuais, enquanto a palavra "diversão" é mais frequentemente usada para descrever nossas relações com objetos culturais, fazendo-os parecer mais estruturados, "cultivados" e talvez mais fáceis de definir ou explicar. Ao contrário, porém, Lacan insiste na diversão como a mais preocupante das duas e argumenta que ela deve ser vista como a mais primária. Enquanto a diversão não se preocupa com o sujeito que a desfruta, o prazer tem um instinto de autopreservação que reina no gozo e "o mantém dentro de um limite razoavelmente protegido"[60]. A melhor elucidação dessa distinção é a de Aaron Schuster: "A lógica do prazer é a de 'muito' e 'muito pouco' sem um 'jeito certo' — isso é prazer, à exceção de que esse 'jeito certo' nunca é realmente certo o suficiente, então a pessoa logo é jogada de volta na infeliz turbulência da *jouissance*".

O prazer deve, portanto, ser visto como uma *jouissance* limitada ou regulada, embora esse regulamento seja sempre falho, devolvendo o sujeito à *jouissance* perturbadora de onde veio. Na medida em que a distinção possa ser mantida, poderíamos perguntar se os videogames produzem prazer ou diversão. No entanto, dificilmente é possível fazer a pergunta dessa maneira, e Schuster também dá a melhor descrição do porquê:

> A *jouissance* é antes de mais nada uma crise; a psique não sabe espontaneamente como lidar com sua própria inquietação e excitação, os impulsos colocados no corpo sob pressão, e a questão é como e por quais forças essa crise será explorada: provocará recuo das defesas do ego ou pode ser elaborada em direção diferente?[61]

---

60 Jacques Lacan, "Seminar XIV: The Logic of Fantasy", sessão de 14 de junho de 1967. Disponível em: <http://www.lacaninireland.com/web/wp-content/uploads/2010/06/THE-SEMINAR-OF-JACQUES-LACAN-XIV.pdf>. Acesso em: jul. 2021.

61 Aaron Schuster, *The Trouble with Pleasure: Deleuze and Psychoanalysis*, Cambridge: MIT Press, 2016, pp. 118-19.

Com isso em mente, o mundo dos sonhos pode ser pensado como o mundo da *jouissance*. Envolve o prazer desregulado e a quebra da ordem e da sensibilidade do princípio do prazer, mas também está sempre simultaneamente em processo de reordenação e reorganização. Isso pode ser colocado nos termos de Deleuze e Guattari, tão frequentemente considerados opositores à psicanálise. Seus neologismos de "desterritorialização" e "reterritorialização" descrevem processos de colapso que estão sempre-já acompanhados de forças de reestruturação, e não muito distantes da relação psicanalítica entre *jouissance* e prazer. No mundo dos sonhos, o sujeito é posto em crise e sob pressão, divertindo-se livre e loucamente, mas sempre há forças reterritorializantes em jogo, puxando a *jouissance* de volta ao prazer e ordenando o sujeito de novas formas.

A primeira página deste livro compara a experiência de entrar no mundo dos sonhos do PlayStation com a sensação de entrar numa galeria parisiense ou numa loja de departamentos em Londres em meados do século XIX. É claro que não foi coincidência que, desde os anos 1970, as lojas de fliperama adotaram o nome das galerias do século anterior[62]. O jogo é uma experiência de desejo realizado, devaneio e alucinação onírica que é emocionante, avassaladora e inebriante. Neste livro, o objetivo foi investigar que política poderia ser encontrada dentro desse mundo semiconsciente cheio de mercadorias das quais escapamos, mas onde também somos formados e construídos, e uma teoria sobre o que torna essa experiência possível e como ela

---

62 Em inglês esses estabelecimentos são conhecidos como "arcades". [N.T.]

pode operar em nós como sujeitos já foi abordada. O ritmo de desenvolvimento tecnológico é rápido, e o investimento financeiro em jogos, imersão, realidade aumentada e realidade virtual é maior do que nunca. Esse novo espaço, não mais uma galeria de jogos de rua, mas um mundo virtual em que podemos entrar a partir de qualquer lugar, é muito agradável, tanto no sentido geral quanto no psicanalítico.

Walter Benjamin descreveu a sensação de entrar nas galerias, escrevendo que eram "uma fantasmagoria em que a história primitiva entra em cena em trajes ultramodernos"[63]. Para ele, as galerias eram um espaço de sonho em que a história desmorona e em que novas conexões entre passado, presente e futuro são formadas. A galeria é, nesse sentido, "um mundo de afinidades secretas"[64]. O mundo dos sonhos, não importa se você se conecta com ele pelo celular, computador, fone de ouvido, televisão, *headset* ou óculos, é o encantamento moderno dessa fantasmagoria em que a história desmorona e novos relacionamentos, conexões e afinidades são formados, quase sempre em segredo. Os comentários de Benjamin sobre as galerias também podem explicar a prevalência da nostalgia no mundo dos sonhos, que, como as galerias, reordena o assunto em relação à história.

Esse espaço que provoca múltiplas formas de *jouissance* excessiva e indefinível é um espaço potencialmente perigoso que ameaça lançar o sujeito em crise, uma crise da qual ele poderia pelo menos

---

[63] Walter Benjamin, "Arcades II", in: *The Arcades Project*, Cambridge: Harvard University Press, 1999, p. 874.

[64] *Idem, The Arcades Project, op. cit.*, p. 116.

potencialmente emergir de forma diferente. É o caso de fazer a pergunta de Schuster sobre como essa crise será explorada: ela provocará um recuo das defesas do ego ou pode ser elaborada em outra direção? De *Pokémon GO* a *Watch Dogs*, de corporações a *game designers* independentes, estamos assistindo a uma batalha por esse novo espaço infinito, com várias tentativas de traduzir a *jouissance* infinita do mundo dos sonhos em prazer que pode funcionar a serviço de uma ideologia ou outra. Certamente vale a pena lutar pela política desse espaço e seus prazeres.

Fase bônus _ Como ser um jogador subversivo

> O homem se tornou um deus por meio de membros artificiais, por assim dizer, bastante magníficos quando equipados com todos os seus órgãos acessórios; mas eles não crescem nele e ainda lhe causam problemas às vezes...
>
> Freud

Em 1987, sem nenhuma experiência em produção cinematográfica, Félix Guattari enviou o roteiro de um filme de ficção científica louco e bizarro chamado *Um amor de UIQ* para o Centro Nacional de Cinematografia da França. Ele anexou seu currículo e esperava (provavelmente até acreditava) que chegaria até Hollywood. No início da década, ele até pediu ao lendário diretor Michelangelo Antonioni para se envolver com o projeto. Sem surpresa, o filme nunca foi feito. Se tivesse sido, teria antecipado questões encaradas pela subjetividade na era dos videogames e da comunicação digital onipresente. O roteiro convocava uma subjetividade maquínica que combatesse as crises de identidade contemporâneas geradas pelos avanços tecnológicos. Essa subjetividade maquínica finalmente alcançaria o que Guattari por muito tempo esperou fazer: tornar a psicanálise – as ferramentas usadas neste livro – completamente inútil.

Interface Fantasy, de Nusselder, argumentava exatamente o oposto. Ao reunir a psicanálise com a tela do computador e apresentar um novo argumento para "atualizar" as ideias lacanianas de fantasia no contexto das tecnologias de informação e comunicação, Nusselder mostrou como a teoria psicanalítica poderia ser vista como mais necessária do que nunca na era digital[65]. Mesmo assim, a psicanálise não foi tão influente nas discussões sobre tecnologia quanto as ideias de Deleuze e Guattari, que são responsáveis pelo que continua sendo a crítica mais contundente à psicanálise até hoje. Na verdade, a crítica de Guattari continua a insistir, tornando sua presença sentida mesmo quando a psicanálise das pessoas e das coisas prossegue: os modelos lacanianos ainda se aplicam aos sujeitos de hoje e serão aplicáveis aos sujeitos do futuro? Este livro espera ter mostrado que a psicanálise é uma estrutura vital para as discussões sobre tecnologia. Nesta sociedade orientada para a diversão, as políticas e técnicas de diversão são tornadas visíveis por uma abordagem psicanalítica. Ao mesmo tempo, se a psicanálise deve falar não às "verdades humanas universais" e sim às formações históricas e culturais da subjetividade, então a mutação e a evolução da subjetividade discutidas neste livro mostram que a psicanálise deve mudar para confrontar os ciborgues que estão vindo.

Embora os textos de Guattari tenham recebido mais atenção nos últimos anos, para a maioria das pessoas ele ainda é, antes de mais nada, o amigo de Deleuze. Talvez mais bem encarnado pelo Dark Deleuze de Andrew Culp, os críticos recuperaram Deleuze daqueles que o viam como o filósofo da "afirmação alegre" e que vivenciaram seu trabalho (muitas vezes sem admiti-lo) como vitalista, afirmador da vida e positivo. Tais leituras trouxeram Deleuze para o lado dos puritanos pró-vida, fanáticos da autoajuda de boas vibrações, maníacos viciados em compras e *hippies* de

---

65 André Nusselder, *Interface Fantasy: A Lacanian Cyborg Ontology*, Cambridge: MIT Press, 2009.

espírito livre[66]. Em vez disso, leituras como a de Culp mostraram o "lado sombrio" de Deleuze: sua negatividade, sua resistência a todas as coisas comemorativas da natureza, impulso e liberdade e, finalmente, sua entrega à "morte". Esse argumento não é apenas uma disputa acadêmica sobre Deleuze, mas um argumento vital sobre o avanço de nossa política na era tecnológica. Depende da diferença entre aqueles tecnófilos que continuam a buscar experiências livres ou combativas contra o poder tecnológico e aqueles que sentem que não há caminho de volta para uma experiência não tecnológica e abraçam o tipo de morte humana que seria (ou foi) anunciado por nossa máquina em transformação. *Um amor de UIQ* foi usado aqui porque mostra Guattari nesse lado sombrio de Deleuze e porque questiona se a psicanálise funcionará com uma subjetividade maquínica que — como este livro argumentou — já está aqui.

Shaviro argumenta que, no mundo da engenharia genética e do Big Data, a oposição entre natureza e cultura é insustentável e que precisamos reconhecer que a natureza está "sempre em movimento, em processo e em construção", social e culturalmente, nunca "fora da história", mas determinada por ela[67]. A natureza de nossa consciência é alterada por nosso relacionamento com as máquinas e com a tecnologia. Para Berardi, que vai além na exploração das mudanças precisas de consciência que ocorrem na era

---

66 Andrew Culp, *Dark Deleuze*, Minnesota: University of Minnesota Press, 2016.

67 Steven Shaviro, *Discognition*, Londres: Repeater Books, 2016, pp. 222-3.

tecnológica, a infosfera digital e a era da hiperconectividade mudam o modelo cognitivo, afetando a "sensibilidade estética" e a "sensibilidade emocional"[68]. Tais ideias foram exploradas aqui em relação aos efeitos do videogame, que desempenha papel fundamental em tais transformações. Tentou-se explorar a política dessas mudanças, pensando nas maneiras como o jogo cria novas possibilidades de empatia, identificação, impulso e desejo. O foco incide sobre quem está aproveitando esse potencial e com que finalidade se está trabalhando.

Lemos no roteiro de Guattari que *Um amor de UIQ* versa sobre encontrar "uma subjetividade maquínica – hiperinteligente e ainda infantil e regressiva [...] que não tem limites fixos e nenhuma orientação psicológica ou sexual clara". Em resumo, essa consciência maquínica é uma subjetividade que – na falta de termo melhor – está "livre" dos princípios organizadores da identidade humana tradicional. Em outras palavras, é uma subjetividade sem fronteiras, físicas, espaciais nem conceituais. Esse "UIQ" representa um sujeito desterritorializado, um sujeito que pode transgredir fronteiras, que é anterior à orientação sexual ou sequer tem uma, e que escapa daquelas subjetividades arbóreas e estruturadas que confinam os humanos no filme. O jogador pode ser esse sujeito hoje, desterritorializado, mas à espera de reterritorialização.

Talvez a maior pista de que a subjetividade do UIQ é concebida como resposta à psicanálise venha na frase-chave: "Isso é incrível como a porra do Prêmio

---

[68] Franco "Bifo" Berardi, *And: The Phenomenology of the End*, Londres: Semiotexte, 2016, p. 11.

Nobel. A descoberta do século! Uma linguagem! Quer dizer... algo como uma linguagem, que vem das profundezas da vida celular!"[69].

Além de zombar da ideia autoindulgente de que a psicanálise poderia ser comparável às descobertas de Marie Curie (referida em outra parte do roteiro), a passagem invoca diretamente um comentário de Lacan, que disse que "o inconsciente é estruturado como linguagem" e "fala". Guattari faz uma paródia da ideia e constrói uma realidade ficcional na qual uma espécie de força inconsciente se estrutura como linguagem e, literalmente, fala aos humanos. Em sua obra anterior *The Machinic Inconscious* (1979)[70], Guattari zombava dessa ideia lacaniana, e aqui ele leva a paródia mais longe, explorando com humor como seria se o inconsciente pudesse ter um bate-papo completo com as pessoas.

O UIQ acaba desenvolvendo emoções humanas e se apaixona por uma pessoa real, a *punk* Janice, que o ensina sobre identidade humana, sexualidade e um senso de "si". A mensagem dessa transformação é que a subjetividade desterritorializada maquínica que é o UIQ, antes livre das fronteiras e restrições impostas pela identidade no mundo humano, agora se torna humano, reterritorializando-se para adquirir sexualidade, gênero (torna-se até "ele" no roteiro) e um conjunto completo de desejos humanos. Em suma, o UIQ se torna a subjetividade estrutural incorporada pela leitura da psicanálise de Guattari. Em vez de

---

[69] Félix Guattari, *A Love of UIQ*, Minneapolis: Univocal, 2016, p. 97.

[70] Cf. edição brasileira: *O inconsciente maquínico*, São Paulo: Papirus, 1988. [N.E.]

"uma máquina desejante", o UIQ é transformado num homem heterossexual apaixonado por Janice como o objeto de desejo ausente e se torna desesperadamente suscetível a acessos de raiva ciumenta quando ela fala com outros homens. Para Guattari, seria uma pena terrível virar o sujeito que Lacan descreveu, se houvesse outra opção.

De forma incomum, o roteiro antecipa filmes recentes como *Ela* (2013), de Spike Jonze, e *Ex Machina* (2015), de Alex Garland, os quais imaginam o sujeito humano se apaixonando por um computador. Essa leitura deve muito a Srećko Horvat, que observa que em tais casos não se trata tanto de se apaixonar por uma máquina, mas de se apaixonar narcisisticamente por si mesmo enquanto refletido no "outro" por meio do computador. No entanto, em *Um amor de UIQ* a situação é inversa: UIQ, a consciência do computador, aprendendo as emoções humanas, se apaixona por uma humana. Assim, embora a mensagem de filmes como *Ex Machina* possa ser como o argumento de Horvat em *A radicalidade do amor* de que até as emoções humanas mais profundas são agora automatizadas por forças tecnológicas que organizam e controlam nossos impulsos e desejos, o roteiro de Guattari envolve tanto isso quanto o contrário: enquanto nossos desejos mais profundos podem se tornar automatizados, os desejos mais profundos do computador podem se tornar humanos[71]. Para Guattari, esta seria a verdadeira tragédia: não a perda da identidade humana quando nos tornamos máquinas, mas a perda de uma alternativa maquínica à medida que nos

---

71 Cf. Srećko Horvat, *The Radicality of Love*, *op. cit.*, pp. 23-41.

tornamos humanos. Assim, o "filme" joga com o velho medo da ficção científica de que os computadores possam desenvolver a consciência. O que torna essa ideia perturbadora na maioria dos filmes de ficção científica é que, se os computadores pudessem ganhar aquele "algo especial" que nos torna humanos, o *status* único do que significa ser humano seria destruído. Pelo contrário, o que torna trágica a transformação do computador em humano no filme de Guattari é o oposto: a tragédia é que, se o computador se torna humano, então a potencialidade maquínica para novas subjetividades é destruída.

Um amor de UIQ, portanto, não versa sobre humanos que se tornam meras máquinas, mas sobre máquinas que se tornam meros humanos. Podemos facilmente pensar em máquinas se tornando humanas em 2017, desde desenvolvimentos em robótica cada vez mais obcecados por réplicas humanas até os encontros cotidianos que temos com a personalidade de Siri (a assistente pessoal inteligente e navegadora do conhecimento da Apple) e Cortana (o equivalente da Microsoft). Provas são encontradas até mesmo nos novos recursos do Facebook, que começou a nos desejar "bom dia" e conversar conosco em linguagem de bate-papo sobre os aniversários de nossos amigos[72]. Talvez o Vale do Silício esteja transformando nossas máquinas em humanos para evitar que se tornem sujeitos problemáticos guattarianos. A catástrofe, do ponto de vista guattariano, não é que nos tornemos máquina, mas que percamos a oportunidade de nos tornar uma.

---

72 Um exemplo de videogame que reflete essas questões de mídias sociais é *Life is Strange* (PS4, 2015).

Dessa forma, *Um amor de UIQ* poderia contribuir para as discussões aparentemente intermináveis de Deleuze *versus* Lacan. O roteiro mostra a necessidade do desafio oferecido por Deleuze e Guattari à psicanálise, revelando-nos que ela não antecipou uma potencialidade maquínica para o sujeito ser diferente do sujeito ausente que a psicanálise conhece tão bem. Mostra também que sua rejeição da psicanálise veio cedo demais e que talvez ainda não estejamos preparados para ela, pois pode ser necessária a transformação em máquina e a morte do humano para irmos além do sujeito psicanalítico. Pode levar algum tempo, então, até que a psicanálise não seja necessária, mas certamente representa um desafio ao seu *status* na era maquínica por vir.

O que este livro espera ter mostrado é que os desenvolvimentos em videogames, jogos para celular, realidade virtual e tecnologia de entretenimento significam que a psicanálise é necessária mais do que nunca, mas de maneira diferente. É preciso derrubar algo de que a própria psicanálise é, com frequência e paradoxalmente, acusada e às vezes culpada: investir em desejos que não são políticos e numa estrutura de subjetividade que não pode ser mudada. Em vez disso, numa sociedade em que tecnologia e entretenimento são inseparáveis e onipresentes, uma psicanálise da tecnologia torna a nova política de desejo, diversão e prazer visível para nós. Esse tipo de entendimento deve ser o primeiro passo para mudar um mundo no qual a subjetividade está – gostemos ou não – sendo modificada pela mudança tecnológica.

O coletivo Xenofeminism pergunta por que há tão pouco "esforço organizado e explícito para redirecionar as tecnologias para fins políticos progressivos de gênero" e busca "fazer um uso estratégico das tecnologias existentes para redesenhar o mundo"[73]. O manifesto #Accelerate, apesar da crítica fantástica de Benjamin Noys ao aceleracionismo, fez algo semelhante para o marxismo. Diferentemente do marxismo e do feminismo, a psicanálise tem a reputação de ser a abordagem teórica mais lenta e menos mutável. Aqui, ao contrário, espero ter mostrado que uma psicanálise para o futuro e para a tecnologia pode ser desenvolvida e é vital ao lado do marxismo e do feminismo. Argumentei que qualquer pessoa com intenções subversivas precisa trabalhar dentro do ciberespaço em vez de ficar do lado do exclusivismo e do isolacionismo ou cair na tecnofilia. Na tentativa de lutar contra o controle corporativo e estatal do ciberespaço, o trabalho dos filósofos da tecnologia de hoje deve ser estabelecer a base teórica para a próxima geração de pessoas educadas, mas furiosas, que sabem usar e reprogramar a tecnologia de uma maneira que a geração anterior não soube. O otimismo pode ser encontrado no fato de que as organizações corporativas e estatais não terão mais condições de absorver a maioria das pessoas capazes de usar a tecnologia no mais alto nível. Deve pelo menos ficar claro que a separação entre filosofia e tecnologia foi deliberada e serviu a uma combinação de interesses corporativos e estatais cada vez mais inseparáveis. Filosofia e tecnologia devem se tornar a mesma coisa novamente. Aqui, usei a psicanálise para tornar visíveis alguns padrões tecnológicos ocultos na esperança de contribuir para esse trabalho de base.

---

73 Cf. <http://www.laboriacuboniks.net/>, acesso em: jul. 2021.

"Gamer" não deve mais ser considerado um termo que implica certa identidade "alternativa", como aconteceu no caso Gamergate. Em vez disso, o termo descreve uma porção cada vez maior da população global. A taxa de saturação de jogos de console, *online* e móveis é tão alta que essas tecnologias estão formando a geração atual e a seguinte. Se considerarmos os aplicativos de entretenimento como implicados nos mesmos padrões (quão diferente *Pokémon GO* é do Tinder?), poderemos estender o alcance dessas tecnologias para incluir quase toda a população *online* do mundo, um número que já ultrapassa os 3 bilhões. Esse novo "gamer" tem o tipo de potencial maquínico para uma nova subjetividade descrita por Guattari. Ao mesmo tempo que sinaliza enorme oportunidade de mudança, isso representa um perigo gigantesco, aumentando a capacidade dos agentes estatais e corporativos de organizar esses novos sujeitos e suas patologias. Agora é uma questão de reagir sem tecnofilia ou tecnofobia e definir precisamente como influenciar subjetividades maquínicas para se mobilizar contra essas forças corporativas.

Bibliografia

AARSETH, Espen. "Allegories of Space: The Question of Spatiality in Computer Games". Em: ESKELINEN, Markku; KOSKIMAA, Raine (orgs.). *Cybertext Yearbook 2000*. Jyväskylä: Research Centre for Contemporary Culture, 2001.

ASSANGE, Julian. *When Google Met WikiLeaks*. Nova York: OR Books, 2014.

BENJAMIN, Walter. "Arcades II". Em: *The Arcades Project*. Trad. Rolf Tiedemann. Cambridge: Harvard University Press, 1999.

_____. *Selected Writings, v. 3: 1935-1938*. Org. Edward Jephcott e Howard Eiland. Cambridge: Harvard University Press, 2002.

BERARDI, Franco "Bifo". "The Summer of *Pokémon Go*". Disponível em: <https://diem25.org/the-summer-of-pokemon-go/>. Acesso em: jul. 2021.

_____. *And: The Phenomenology of the End*. Londres: Semiotexte, 2016.

BOGOST, Ian. *How to Talk about Videogames*. Londres: University of Minnesota Press, 2015.

BOWN, Alfie. *Enjoying It: Candy Crush and Capitalism*. Winchester/Washington: Zero Books, 2015.

_____. "Algorithmic Control and the Revolution of Desire". *ROAR Magazine*. Amsterdã: 2016, n. 4, pp. 90-9.

BOWN, Alfie; HORVAT, Srećko. *Advancing Conversations: Subversion!*. Winchester/Washington: Zero Books, 2017.

BOYM, Svetlana. *The Future of Nostalgia*. Nova York: Basic Books, 2002.

CLINE, Ernest. *Ready Player One*. Londres: Arrow Books, 2012.

CULP, Andrew. *Dark Deleuze*. Minnesota: University of Minnesota Press, 2016.

DEBORD, Guy. "The Theory of the Dérive". Em: KNABB, Ken (org.). *Situationist International Anthology*. Berkeley: Bureau of Public Secrets, 1981.

DELEUZE, Gilles. *Foucault*. Trad. Sean Hand. Minnesota: University of Minnesota Press, 2006.

FISHER, Mark. "The Great Digital Swindle". Disponível em: <http://repeaterbooks.com/extracts/the-great-digital-swindle/>. Acesso em: jul. 2021.

_____. *Ghosts of My Life: Writings on Depression, Hauntology and Lost Futures*. Winchester/Washington: Zero Books, 2014.

FORSTER, Edward Morgan. *The Machine Stops*. Nova York: Start Classics, 2012.

FREUD, Sigmund. "The Interpretation of Dreams". Em: STRACHEY, James (org.). *The Standard Edition of the Complete Psychological Works of Sigmund Freud*. V. 5. Londres: Vintage, 2001.

_____. "The Sexual Aberrations". Em: STRACHEY, James (org.). *The Standard Edition of the Complete Psychological Works of Sigmund Freud*. V. 7. Londres: Vintage, 2001.

_____. "The Censorship of Dreams". Em: STRACHEY, James (org.). *The Standard Edition of the Complete Psychological Works of Sigmund Freud*. V. 15. Londres: Vintage, 2001.

_____. "The 'Uncanny'". Em: STRACHEY, James (org.). *The Standard Edition of the Complete Psychological Works of Sigmund Freud*. V. 17. Londres: Vintage, 2001.

_____. "Beyond the Pleasure Principle". Em: STRACHEY, James (org.). *The Standard Edition of the Complete Psychological Works of Sigmund Freud*. V. 18. Londres: Vintage, 2001.

GALLOWAY, Alexander R. *Gaming: Essays on Algorithmic Culture*. Minnesota: University of Minnesota Press, 2006.

GUATTARI, Félix. *A Love of UIQ*. Trad. Silvia Maglioni e Graeme Thompson. Minneapolis: Univocal, 2016.

HARAWAY, Donna. "A Cyborg Manifesto". Em: *Simians, Cyborgs and Women: The Reinvention of Nature*. Nova York: Routledge, 1991.

HARRELL, D. Fox; HARRELL, Sneha Veeragoudar. "Imagination, Computation, and Self-Expression: Situated Character and Avatar Mediated Identity". *Leonardo Electronic Almanac: After Media: Embodiment and Context*, 2012, v. 17, n. 2, pp. 74-91.

HORVAT, Srećko. *The Radicality of Love*. Cambridge: Polity, 2015.

HUI, Yuk. *On the Existence of Digital Objects*. Minnesota: University of Minnesota Press, 2016.

KRACAUER, Siegfried. *The Mass Ornament*. Trad. Thomas Y. Levin. Cambridge: Harvard University Press, 1988.

KRISS, Sam. "Resist Pokémon Go". Disponível em: <https://www.jacobinmag.com/2016/07/pokemon-go-pokestops-game-situationist-play-children/>. Acesso em: jul. 2021.

LACAN, Jacques. *Seminar II: The Ego in Freud's Theory and in the Technique of Psychoanalysis, 1954-1955*. Org. Jacques-Alain Miller. Londres: W. W. Norton, 1991.

_____. *The Four Fundamental Concepts of Psychoanalysis: The Seminar of Jacques Lacan Book XI*. Org. Jacques-Alain Miller e trad. Alan Sheridan. Londres: W. W. Norton, 1998.

_____. "Seminar XIV: The Logic of Fantasy". Disponível em: <http://www.lacaninireland.com/web/wp-content/uploads/2010/06/THE-SEMINAR-OF-JACQUES-LACAN-XIV.pdf>. Acesso em: jul. 2021.

LYOTARD, Jean-François. "Desirevolution". Em: MACKAY, Robin; AVANESSIAN, Armen (orgs.). *#Accelerate: The Accelerationist Reader*. Falmouth: Urbanomic, 2014.

MCGONIGAL, Jane. *Reality is Broken*. Londres: Vintage Books, 2012.

MCWHERTOR, Michael. "Which Legend of Zelda Game Was Inspired by Twin Peaks?". Disponível em: <https://kotaku.com/which-legend-of-zelda-game-was-inspired-by-twin-peaks-5457701>. Acesso em: jul. 2021.

NANCY, Jean-Luc. *The Sense of the World*. Trad. Jeffrey S. Librett. Minneapolis: University of Minnesota Press, 1997.

NUSSELDER, André. *Interface Fantasy: A Lacanian Cyborg Ontology*. Cambridge: MIT Press, 2009.

PARKIN, Simon. "The Best Videogames of 2013". Disponível em: <http://www.newyorker.com/tech/elements/the-best-video-games-of-2013>. Acesso em: jul. 2021.

PETTMAN, Dominic. *Infinite Distraction*. Cambridge: Polity, 2016.

PFALLER, Robert. *On the Pleasure Principle in Culture: Illusions Without Owners*. Londres: Verso, 2014.

POSSO, Alberto. "Internet Usage and Educational Outcomes Among 15-Year-Old Australian Students". *International Journal of Communication*. Los Angeles: 2016, v. 10.

REHAK, Bob. "Playing at Being: Psychoanalysis and the Avatar". Em: BUTLER, Judith (org.). *Excitable Speech: A Politics of the Performative*. Londres: Routledge, 2013.

SCHUSTER, Aaron. *The Trouble with Pleasure: Deleuze and Psychoanalysis*. Cambridge: MIT Press, 2016.

SHAVIRO, Steven. *No Speed Limit: Three Essays on Accelerationism*. Minneapolis: University of Minnesota Press, 2014.

_____. *Discognition*. Londres: Repeater Books, 2016.

TAM, Jeffrey. "Fallout: Why We Don't Set the World on Fire". Disponível em: <https://web.archive.org/web/20160714033631/http://existentialgamer.com/fallout-set-world-on-fire>. Acesso em: jul. 2021.

TANNER, Grafton. *Babbling Corpse: Vaporwave and the Commodification of Ghosts*. Winchester/Washington: Zero Books, 2017.

THOMPSON, Edward Palmer. *The Making of the English Working Class.* Harmondsworth: Penguin, 1968.

VAROUFAKIS, Yanis. "A Day of Victory for the Politics of Fear, Loathing and Division". Disponível em: <https://diem25.org/trumps-triumph-how-progressives-must-react/>. Acesso em: jul. 2021.

WARK, McKenzie. *Gamer Theory.* Cambridge: Harvard University Press, 2007.

ŽIŽEK, Slavoj. *The Sublime Object of Ideology.* Londres: Verso, 1989.

ZORRILLA, Edwin Montoya. "VR and the Empathy Machine". Em: *Hong Kong Review of Books.* Disponível em: <https://hkrbooks.com/2016/12/05/hkrb-essays-vr-and-the-empathy-machine-2/>. Acesso em: jul. 2021.

Documentário

THE PERVERT'S Guide to Cinema. Sophie Fiennes. UK: Mischief Films, 2006.

Índice de jogos

Angry Birds, 43
Bastion, 62
Battlefield, 46
BioShock, 52
Call of Duty, 113
Campo Minado, 42, 43, 99
Candy Crush, 16, 27, 48-9, 51, 78
Chessnet, 99
Clash of Clans, 43
Cookie Clicker, 48, 85
Crash Bandicoot, 60
Dead or Alive, 78
Election '92, 99
Emily is Away, 101
Everybody's Gone to the Rapture, 52
Fallout, 51, 58-9
FarmVille, 52, 55-6
Flappy Bird, 43, 97
Flow, 87
Flower, 86-7
Grand Theft Auto, 52, 94
Harvest Moon, 53
Hotline Miami, 94
Ingress, 16, 26-8, 30, 33
Journey, 87
Kaeru no Tame ni Kane wa Naru, 104
Kitchen, 112
Life is Strange, 127
Mafia Wars, 52
Medal of Honor, 46

Not a Hero, 94
Outlast, 111
Paciência, 42, 43, 99
Papers, Please, 17, 109-13
Persona, 71, 74-6
Pokémon, 16, 26-7, 33-9, 55, 118, 130
Psycho-Pass, 75
Ratchet and Clank, 60-2
Resident Evil, 112
SimCity, 104
SkiFree, 42-3, 99-101
Smashy Road, 50
Soma, 52
Space Invaders, 101
Spyro the Dragon, 60
Stardew Valley, 52-9, 62
Temple Run, 43
To the Moon, 101
Transistor, 63
Trials Fusion, 43
Uncharted, 71-2, 113
Undertale, 101
Until Dawn, 111-2
Until Dawn: Rush of Blood, 111-2
Virtual Beggar, 45, 85
Walking Dead, The, 51
Watch Dogs, 17, 113, 118
WinRisk, 99
Words with Friends, 52
World of Warcraft, 44
Zelda, 55, 103, 105